AROEIRA EM SISTEMA SILVIPASTORIL
UMA REALIDADE OU UTOPIA?

Editora Appris Ltda.
1.ª Edição - Copyright© 2024 dos autores
Direitos de Edição Reservados à Editora Appris Ltda.

Nenhuma parte desta obra poderá ser utilizada indevidamente, sem estar de acordo com a Lei nº 9.610/98. Se incorreções forem encontradas, serão de exclusiva responsabilidade de seus organizadores. Foi realizado o Depósito Legal na Fundação Biblioteca Nacional, de acordo com as Leis nᵒˢ 10.994, de 14/12/2004, e 12.192, de 14/01/2010.

Catalogação na Fonte
Elaborado por: Josefina A. S. Guedes
Bibliotecária CRB 9/870

A769a
2024

Aroeira em sistema silvipastoril: uma realidade ou utopia? / Jose Cambuim ... [et al.]. – 1. ed. – Curitiba: Appris, 2024.
132 p. ; 21 cm. – (Sustentabilidade, impacto e gestão ambiental).

Inclui referências.
ISBN 978-65-250-5505-3

1. Aroeira-do-sertão. 2. Urochloa (sinonímia Brachiaria decumbens). 3. Pastagens. 4. Indicadores econômicos. I. Cambuim, Jose. II. Título. III. Série.

CDD – 633.39

Livro de acordo com a normalização técnica da ABNT

Editora e Livraria Appris Ltda.
Av. Manoel Ribas, 2265 – Mercês
Curitiba/PR – CEP: 80810-002
Tel. (41) 3156 - 4731
www.editoraappris.com.br

Printed in Brazil
Impresso no Brasil

Jose Cambuim
Silvia Maria Almeida Lima Costa
Daniele Fernanda Zulian
Marcela Aparecida de Moraes Silvestre
Alexandre Marques da Silva
Mario Luiz Teixeira de Moraes

AROEIRA EM SISTEMA SILVIPASTORIL
UMA REALIDADE OU UTOPIA?

FICHA TÉCNICA

EDITORIAL	Augusto Coelho Sara C. de Andrade Coelho
COMITÊ EDITORIAL	Marli Caetano Andréa Barbosa Gouveia - UFPR Edmeire C. Pereira - UFPR Iraneide da Silva - UFC Jacques de Lima Ferreira - UP
SUPERVISOR DA PRODUÇÃO	Renata Cristina Lopes Miccelli
ASSESSORIA EDITORIAL	Nicolas da Silva Alves
REVISÃO	Pâmela Isabel Oliveira
PRODUÇÃO EDITORIAL	Sabrina Costa
DIAGRAMAÇÃO	Andrezza Libel
CAPA	Eneo Lage
REVISÃO DE PROVA	William Rodrigues

COMITÊ CIENTÍFICO DA COLEÇÃO SUSTENTABILIDADE, IMPACTO, DIREITO E GESTÃO AMBIENTAL

DIREÇÃO CIENTÍFICA Belinda Cunha

CONSULTORES

Dr. José Renato Martins (Unimep)	Maria Cristina Basílio Crispim da Silva (UFPB)
Dr. José Carlos de Oliveira (Unesp)	Iranice Gonçalves (Unipê)
Fernando Joaquim Ferreira Maia (UFRPE)	Elisabete Maniglia (Unesp)
Sérgio Augustin (UCS)	Prof. Dr. José Fernando Vidal de Souza (Uninove)
Prof. Dr. Jorge Luís Mialhe (Unesp-Unimep)	Hertha Urquiza (UFPB)
José Farias de Souza Filho (UFPB)	Talden Farias (UFPB)
Zysman Neiman (Unifesp)	Caio César Torres Cavalcanti (FDUC)

INTERNACIONAIS

Edgardo Torres (Universidad Garcilaso de la Veja)

Ana Maria Antão Geraldes (Centro de Investigação de Montanha (CIMO), Instituto Politécnico de Bragança)

Maria Amélia Martins (Centro de Biologia Ambiental Universidade de Lisboa)

Dionisio Fernández de Gatta Sánchez (Facultad de Derecho. Universidad de Salamanca)

Alberto Lucarelli (Università degli Studi di Napoli Federico II)

Luiz Oosterbeek (Instituto Politécnico de Tomar)

Aos meus pais, Manoel Cambuim e Carolina da Cruz Prates, pelo amor, carinho e dedicação e pelos ensinamentos a mim deixados. Aos meus irmãos, Sebastião Cambuim e Iraci Cambuim, com quem na infância briguei, brinquei, trabalhei. À minha esposa, Antônia Gomes Cambuim, por me apoiar sempre nas conquistas dos meus ideais, por suportar pacientemente todas as minhas ausências, por todo seu amor e sua dedicação. Aos meus filhos, pessoas muito importantes na minha vida e as grandes razões por eu estar aqui: Kelly Cristina Gomes Cambuim, Aldo Renan Gomes Cambuim, Sergio Antônio Cambuim e Diana Carla Oliveira Santana Lima. Aos meus netos, Benjamin de Sousa Cambuim, Gabriel de Lima Cambuim e Valentim de Lima Cambuim.
(Jose Cambuim)

À comunidade unespiana da Faculdade de Engenharia de Ilha Solteira, pelo apoio institucional em minha trajetória e, de forma ampla, pelo compromisso em produzir formação de qualidade a seus graduandos e pós-graduandos e pesquisas relevantes
(Silvia Maria Almeida Lima Costa)

Aos meus pais, Laurindo Zulian (in memoriam) e Ivanete Maria Zulian, por todo o incentivo e dedicação na minha formação acadêmica. A meu esposo, André Stuani, por todo o apoio, paciência e dedicação em nossa jornada.
(Daniele Fernanda Zulian)

*Ao meu amado marido, Marcus Vinícius Silvestre, por sempre estar ao meu lado nos diversos caminhos que a vida nos conduz. Aos meus queridos pais, Mario Luiz Teixeira de Moraes e Selma Maria Bozzite de Moraes, pelo exemplo de vida. Às minhas queridas irmãs, Mayara Aparecida de Moraes e Mariana Aparecida de Moraes, pelos laços de amizade e estima por mim. Aos meus estimáveis avós, Egydio Bozzite (in memoriam), Diolina Pereira Bozzite (in memoriam), Mario Teixeira de Moraes e Lourdes Maria Torrezan Moraes (in memoriam), pelo amor, carinho e ensinamentos que nunca serão esquecidos.
(Marcela Aparecida de Moraes Silvestre)*

*A minha esposa, Daniela Sílvia de Oliveira Canuto, e as milhas filhas, Carla Canuto Marques e Alice Canuto Marques, uma família unida e amorosa, presente dado por Deus.
(Alexandre Marques da Silva)*

*Aos meus pais, Mario Teixeira de Moraes e Lourdes Maria Torrezan Moraes (in memoriam), a minha esposa, Selma Maria Bozzite Moraes, e as minhas filhas, Marcela Aparecida de Moraes, Mayara Aparecida de Moraes, Mariana Aparecida de Moraes, por tudo que representam em minha vida.
(Mario Luiz Teixeira de Moraes)*

CONQUISTANDO OS SONHOS

"Confia ao SENHOR as tuas obras, e teus pensamentos serão estabelecidos."

(Provérbios 16.3)

AGRADECIMENTOS

A DEUS, por me dar força para superar todas as dificuldades nos diversos caminhos de minha vida e conseguir conquistar mais esta importante vitória.

À Prof.ª Dr.ª Silvia Maria almeida Costa Lima, pela valiosa orientação, confiança a mim dedicada neste período de convivência e principalmente por me ensinar a gostar e compreender um pouco a parte econômica. E por não medir esforços para ajudar na redação final.

Ao Prof. Dr. Mario Luiz Teixeira de Moraes, pela valiosa amizade e confiança a mim dedicada nestes 30 anos de silvicultura e convivência, e principalmente por me ensinar a gostar e entender um pouco de silvicultura.

À Congregação, pela minha liberação das atividades profissionais para cursar as disciplinas necessárias para a condução desta etapa.

À Seção de Pós-graduação, pela valiosa atenção e dedicação para com todos.

Ao corpo docente da Agronomia, que direta ou indiretamente contribuiu muito por essa etapa.

Ao Alexandre Marques da Silva, pela amizade, confiança e incentivo durante esse tempo de convivência.

Ao amigo Alonso Ângelo da Silva, que contribuiu de maneira ímpar, do início ao fim juntos na coleta dos dados. Ao diretor da Biblioteca da Unesp de Ilha Solteira, João Josué Barbosa, que com muita paciência colaborou na orientação da formatação e referências bibliográficas.

Aos funcionários da Fazenda, Manoel Fernando Rocha Bonfim (Baiano), João Rodrigues dos Santos, Edimilson Luciano (Juninho), Antônio Carlos Homem (Carlinhos), Jair J. dos Santos, Alvino da Silva, Cicero Orgeda Queiróz (Buchada), Odorico Santos Silva, Sinval A de Abreu (Carreiro), Valdivino dos Santos (gato), Jose João da Silva (Paraná), Edvard G da Silva (Divá), José Gomes (Zé Gato), Osvaldo R. Guimarães (*in memoriam*), Vicente de Almeida (*in memoriam*), Pedro

Luiz dos Santos (*in memoriam*), Carmelito J. dos Santos (*in memoriam*), José Pereira (*in memoriam*), Mário Seki (*in memoriam*), Joaquim Gomes da Silva (*in memoriam*), Antônio (Itapura) (*in memoriam*), José Jesus Apolinário (*in memoriam*), Pedro Crispim Fernandes, Emidio R. da Silva (Bigode), Irso Alves da Silva (Passarinho), Dorvalino Norato Ribeiro (Jau), Joaquim Dias, Carlos H. Barbosa, Ailton dos Santos (Mixirica), Francisco M. da Silva (Chico Preto), Ademar Paixão, Ademar Gomes (Badeco), Claudionor de Souza, Edson Marquete, Antônio Rodrigues da Silva (Tonho da Retro), Domingos Koshyama, Ailton dos Reis, José R. Guimarães (Cerezo), Carlos A. da Silva (Carlinho), Gilmar R Guimarães (Zebra), Delcir Zambugari, Osvaldo Teixeira, Sebastião Guimarães (BILLA), Francisco Magalhães (Chico Baiano), Edson da Rocha (gordo), Claudio A. de Oliveira, Auceniro P. S. Senna, Emídio de Lima, Valdesal Cassiano, Wanderly (arapinha), Cesar, Juliano e a galera mais recente de operadores, Osmar Martins, Alexandre Flores, José Ailton dos Santos, Helton e Renato, a todos pela valiosa amizade e tempo de convivência.

Jose Cambuim

Esteio de aroeira

Esteio de aroeira corroído pelos anos
O vendaval do tempo até hoje tu resistes
Quem hoje vê teu vulto no sertão abandonado
Não sabe que encerras sua história longa e triste
Meu pai que te plantou na terra dura lá da mata
Tu foste à cumeeira do teu rancho pequenino
Só o vento frio da noite e o cantar dos curiangos
Ficaram acompanhando a solidão de teu destino
Esteio de aroeira também tem a tua idade
Meu pai te construiu para que fosse meu abrigo
O tempo foi passando e só depois de muitos anos
Pela primeira vez te encontrei esteio amigo
Meu pai que também era o esteio firme da família
Há muitos anos atrás longe daqui tombou sem vida
Só tu me esperaste esteio véio de aroeira
Para me conhecer e ouvir a minha despedida
Esteio de aroeira, quantas verdes esperança
Ficaram sepultadas no teu tronco no passado
Ainda tu conservas o sinal de uma lembrança
Marcada no teu tronco pelo corte do machado
Nós que nascemos juntos esteio véio de aroeira
Será quem vai primeiro ser tombado ela sorte
Se és tu lá na floresta derrubado pelo tempo
Ou eu por este mundo derrubado pela morte[1].

---

[1] ZÉ FORTUNA; PITANGUEIRA. **Esteio de Aroeira**. [*S. l.*]: Sertanejo/Chantecler, 1976.

SUMÁRIO

1
INTRODUÇÃO 19

2
ESPÉCIES QUE COMPÕEM O SISTEMA SILVIPASTORIL 25
2.1 *Myracrodruon urundeuva* 25
2.2 *Trema micrantha e Urochloa decumbens* 29

3
CONSERVAÇÃO E VARIABILIDADE GENÉTICA
DE ESPÉCIES ARBÓREAS 31
3.1 CONSERVAÇÃO GENÉTICA 31
   3.1.1 Conservação genética *in situ* 32
   3.1.2 Conservação genética *ex situ* 34
3.2 VARIABILIDADE GENÉTICA 36

4
SISTEMA SILVIPASTORIL 39
4.1 SERVIÇOS AMBIENTAIS 42
4.2 BENEFÍCIOS SOCIAIS 44
4.3 ESCOLHA DAS ESPÉCIES ARBÓREAS 45
4.4 ARRANJOS ESPACIAIS 46
4.5 DISTRIBUIÇÃO DAS ÁRVORES NA PAISAGEM:
TIPOS DE SAFS 48
4.6 ÁRVORES DISPERSAS NA PASTAGEM 48
4.7 BARREIRAS QUEBRA-VENTO 51
4.8 ESTABELECIMENTO DE ÁRVORES
EM BOSQUETES OU TALHÕES 52
4.9 ESCOLHA DAS ESPÉCIES 53

4.10 PRINCIPAIS MÉTODOS PARA ESTABELECER
SISTEMAS SILVIPASTORIS..54

5
MELHORIA DAS CONDIÇÕES AMBIENTAIS EM PASTAGEM COM A INTRODUÇÃO DE ESPÉCIE ARBÓREA.................... 63
5.1 LEGUMINOSAS LENHOSAS NA RECUPERAÇÃO DE PASTAGENS...63
5.2 ESTRESSE TÉRMICO..64
5.3 QUANTIDADE DE SOMBRA...66
5.4 MUDANÇAS NO MICROCLIMA E USO DA ÁGUA................67
5.5 RESPOSTA DA FORRAGEIRA À SOMBRA.............................68
5.6 BANCOS DE PROTEÍNA..70

6
PERCURSOS DA PESQUISA DO SISTEMA SILVIPASTORIL......... 73
6.1 DESENVOLVIMENTO SILVICULTURAL DE *Myracrodruon urundeuva*..74
6.2 INSTALAÇÃO DA "POPULAÇÃO-BASE".................................77
6.3 DESENVOLVIMENTO DO CAPIM *Brachiaria*.....................78
6.4 CARACTERIZAÇÃO DOS SISTEMAS SILVIPASTORIS.............79
6.5 PRODUTOS E RECEITAS MONETÁRIAS.................................82
6.6 CUSTOS DE IMPLANTAÇÃO E FORMAÇÃO..........................84
6.7 MÉTODO DO CUSTO ANUALIZADO DE PRODUÇÃO...........85

7
CARACTERES SILVICULTURAIS EM *MYRACRODRUON URUNDEUVA*.. 89

8
PRODUÇÃO DE MASSA VERDE DE CAPIM *BRACHIARIA* – VERÃO/INVERNO.. 101

9
CUSTO ANUALIZADO DE PRODUÇÃO 103
9.1 RESULTADOS ECONÔMICOS PARA O SISTEMA 1 103
9.2 RESULTADOS ECONÔMICOS PARA O SISTEMA 2 107

10
CONSIDERAÇÕES FINAIS 113

11
CONCLUSÕES 115

REFERÊNCIAS 117

INTRODUÇÃO

No agronegócio brasileiro, em especial na pecuária bovina, a atenção dos pecuaristas e do mercado consumidor com o conforto ambiental e bem-estar animal tende a crescer progressivamente. Os olhares dos criadores estão voltados não apenas para a perfeição do produto final, mas também para todo o sistema produtivo e para novos mercados, cientes de que uma proporção destes tendem buscar informações sobre aspectos dos sistemas produtivos, incluindo as condições ambientais que sustentam o desenvolvimento dos animais.

O plantio de árvores em pastagens é considerado uma prática econômica do sistema silvipastoril, promotora de repovoamento florestal de forma parcial e ordenada das áreas de pastagens. Essa modalidade geralmente promove incrementos na produção por unidade de área, uma vez que os componentes do sistema (floresta e pastagem) exploram de maneira complementar os recursos do meio. Assim, o sistema também é capaz de promover condições climáticas mais favoráveis aos animais, como a produção de sombra e redução da intensidade de calor ou frio. Contudo há de se considerar os custos envolvidos com a implantação e manutenção das árvores.

Em pastagens com pouca ou nenhuma presença de árvores, a pecuária bovina, principalmente em sistemas que utilizam animais de origem europeia e mestiços, sofre bastante nas horas mais quentes do dia. Dessa forma, as árvores, ao propiciarem sombra, quebra-vento e abrigo, contribuem sobremaneira para diminuir o estresse climático, melhorando a produção animal.

O sistema silvipastoril, entendido como agregação da produção de animais, madeira, frutos e outros bens e serviços, pode ser uma boa alternativa para geração de renda, por propiciar condições ambientais favoráveis ao desenvolvimento simultâneo de diversas atividades agroflorestais.[2] Além de possibilitar a instituição de corredores ecológicos, por meio de promoção do intercâmbio de genes entre populações de espécies variadas, por meio da polinização e dispersão de sementes, interligando fragmentos vegetais dispersos e isolados[3], também proporciona diminuição nos impactos ambientais das externalidades negativas, atribuídas aos sistemas tradicionais da pecuária bovina brasileira, contribuindo para a restauração ecológica de pastagens degradadas e diversificar a produção.

A degradação de pastagens é uma realidade no Brasil. Causa grandes prejuízos ambientais e econômicos, em especial no bioma cerrado. A recuperação da produtividade dessas áreas deve se tornar cada vez mais prioritária.

A implantação de sistemas silvipastoris (SSP) tem sido indicada para a recuperação de pastagens degradadas[4, 5], com vistas à recuperação da sua produtividade. Um sistema silvipastoril constitui na combinação de árvores, pastagem e bovinos numa mesma área, manejados de forma integrada.

Os benefícios para o solo proporcionados por sistemas silvipastoris resultariam da melhoria, em médio e longo prazo, na ciclagem de nutrientes, causada pela absorção desses elementos pelas raízes das árvores em camadas mais profundas do solo, com aporte de parte desses nutrientes na superfície do solo, pela decomposição de folhas, raízes etc. Sem a intervenção das raízes das árvores atuando como "rede de retenção", parte desses nutrientes seria perdida por lixiviação ou ficaria indefinidamente indisponível para a vegetação herbácea.

---

[2] FRANKE, I. L.; FURTADO, S. C. Sistemas Silvipastoris : Fundamentos e Aplicabilidade. **Embrapa Acre**, [*s. l.*], v. Documentos, n. 0104-9046, p. 51, 2001. Disponível em: http://www.cpafac.embrapa.br. Acesso em: 18 abr. 2022.

[3] *Id.*

[4] DANIEL, O.; COUTO, L.; VITORINO, A. C. T. Sistemas agroflorestais como alternativas sustentáveis à recuperação de pastagens degradadas. *In*: SIMPÓSIO – SUSTENTABILIDADE DA PECUÁRIA DE LEITE NO BRASIL, 1, 1999, Goiânia. **Anais** [...]. Juiz de Fora: EMBRAPA-CNPGL, 1999. p. 151-170. Disponível em: https://www.researchgate.net/publication/236353279_Sistemas_agroflorestais_como_alternativas_sustentaveis_a_recuperacao_de_pastagens_degradadas_Agroforestry_systems_as_sustainable_alternatives_to_degraded_pastures_reclamation. Acesso em: 18 abr. 2022.

[5] DIAS-FILHO, M. B. **Degradação de pastagens**: processos, causas e estratégias de recuperação. Belém: Embrapa Amazônia Oriental, 2007. *E-book.*

Sistemas silvipastoris possuem também a capacidade de utilizar a água das camadas mais profundas do solo, o que não acontece em sistemas tradicionais de pastagens.[6] Quando plantadas em locais estratégicos, como em curvas de nível, em terrenos declivosos, as árvores podem também contribuir para controlar a erosão.

Os efeitos em longo prazo, promovidos por sistemas silvipastoris aos atributos físicos do solo com a serapilheira depositada pelas árvores e sistema radicular da espécie forrageira, auxiliam os níveis de resistência mecânica à penetração no solo, considerando o incremento nos teores de matéria orgânica na superfície do solo.[7]

Além dos benefícios intrínsecos a constituição física e química do solo, proporciona aumento no sequestro de carbono, em proporções variáveis dependendo da densidade de plantio, da capacidade de crescimento e da longevidade das árvores[8, 9]; além do potencial das árvores em aumentar ou conservar o teor de matéria orgânica do solo.

Aroeira (*Myracrodruon urundeuva* Fr. All.) — Anacardiácea árvore de médio porte, heliófita — ocorre naturalmente de norte a sul do Brasil, na Caatinga, no cerradão, no Pantanal e na floresta estacional semidecidual, estendendo-se aos países vizinhos em áreas do Bioma Chaco. Reúne características de pioneira antrópica e de secundária tardia, como o crescimento muito rápido na fase inicial, moderado na fase intermediaria e lento na fase final e a madeira excepcionalmente dura, mas às vezes forma povoamentos quase puros colonizando pastagens. Sua abundância é extremamente variável

---

[6] GYENGE, J. E. *et al.* Silvopastoral systems in Northwestern Patagonia II: Water balance and water potential in a stand of Pinus ponderosa and native grassland. **Agroforestry Systems**, [*s. l.*], v. 55, n. 1, p. 47-55, 2002. Disponível em: https://doi.org/10.1023/A:1020238330817. Acesso em: 21 set. 2011.

[7] SARTOR, L. R. *et al.* Resistência mecânica do solo à penetração em sistema silvipastoril após onze anos de implantação. **Ciência Florestal**, [*s. l.*], v. 30, n. 1, p. 231-241, 2020. Disponível em: https://doi.org/10.5902/1980509831205. Acesso em: 15 fev. 2023.

[8] IBRAHIM, M. et al. Multi-Strata Silvopastoral Systems for Increasing Productivity and Conservation of Natural Resources in Central America. *In*: INTERNATIONAL GRASSLAND CONGRESS, 2021. **Proceedings** [...]. Disponível em: https://uknowledge.uky.edu/igc/19/18/1. Acesso em: 18 abr. 2022.

[9] DE ANDRADE, C. M. S.; VALENTIM, J. F.; CARNEIRO, J. D. C. Árvores de baginha (*Stryphnodendron guianense* (Aubl.) Benth.) em ecossistemas de pastagens cultivadas na Amazônia Ocidental. **Revista Brasileira de Zootecnia**, [*s. l.*], v. 31, n. 2, p. 574-582, 2002. Disponível em: https://doi.org/10.1590/s1516-35982002000300006. Acesso em: 15 abr. 2011.

entre regiões, mas geralmente as populações são mais densas sobre terrenos calcários. Produzindo madeira excepcionalmente durável, de alto valor comercial, essa espécie foi tão explorada que é ameaçada de extinção em algumas regiões, sendo proibida a sua exploração. Tem grande potencial para reflorestamento misto, especialmente em regiões de solos férteis com tendência a alcalinos, desde que consorciada com outras espécies sombreadoras de crescimento rápido. Inicia o processo reprodutivo entre 8 e 15 anos, sendo variável a sua fenologia entre regiões.[10]

Espécies com essa dinâmica sucessional diferenciada podem ser utilizadas em reflorestamentos puros, mistos, na recomposição de reservas legais e ainda são capazes de acumular maior proporção de biomassa no tecido lenhoso, maior densidade da madeira e maior longevidade, e, portanto, são capazes de realizar maior sequestro de carbono.

Em termos econômicos, a *M. urundeuva* tem o potencial de diversificar a renda da propriedade rural pela possibilidade de comercialização dos produtos gerados pelas árvores, como madeira, além de outros produtos não madeireiros e de agregar valor à propriedade.

O livro tem por objetivo apresentar o custo anualizado e a lucratividade de dois sistemas de produção silvipastoris, envolvendo integração pecuária-floresta e a recuperação de pastagens degradadas no município de Selvíria – MS.

O primeiro sistema aborda as condições do sistema silvipastoril efetivamente observadas em campo, avaliando o desempenho de uma "População-Base" de *M. urundeuva* (presente em um sistema composto pela espécie *Trema micrantha* popularmente conhecida por candiúba e capim *Brachiaria*), para os caracteres silviculturais: altura, DAP, diâmetro a 30 centímetros do solo, volume de madeira, forma do tronco e sobrevivência, aos 25 anos após o plantio. Caracteriza-se também presença espontânea de capim *Brachiaria* na serapilheira de uma "População-Base" de *M. urundeuva* e quantificar a biomassa como base para um sistema silvipastoril.

---

[10] DURIGAN, G. *et al.* **Sementes e mudas de árvores tropicais**. 2. ed. São Paulo: Paginas & Letras Editora Gráfica, 2002.

AROEIRA EM SISTEMA SILVIPASTORIL: UMA REALIDADE OU UTOPIA?

O segundo sistema representa uma projeção de caracteres silvipastoris da *M. urundeuva* para uma vida útil de 50 anos, a partir dos caracteres avaliados aos 25 anos, tomando-se por cenário plantio concomitante da aroeira, candiúba e braquiária.

Por fim, determinam-se indicadores de custos e lucratividade para os dois sistemas de produção silvipastoris envolvendo integração pecuária-floresta e a recuperação de pastagens degradadas no município de Selvíria – MS.

Entende-se por "população-base" o conjunto de indivíduos da mesma espécie, que apresentam a mesma base genética; e não foi submetida à seleção, visando ao melhoramento genético.

O livro aborda a caracterização das espécies contidas nos sistemas silvipastoril: a aroeira responsável pela produção madeireira, a candiúba, que cumpre importante papel de tutorar aroeira nos primeiros anos do sistema, e a braquiária, gramínea fornecedora de biomassa para produção pecuária, além de oferecer sementes para comercialização. Na sequência, discutem-se aspectos relevantes de conservação e variabilidade genética de espécies arbóreas e a importância de se conservar amostra de populações. Apresentando diversas funções e serviços ambientais associados aos sistemas silvipastoris; delineamento, distribuição, estabelecimento e escolha das espécies arbóreas no sistema, descrevendo aspectos associados a melhorias que podem ser introduzidas no sistema silvipastoril.

2

ESPÉCIES QUE COMPÕEM O SISTEMA SILVIPASTORIL

2.1 *Myracrodruon urundeuva*

A taxonomia da aroeira (*Myracrodruon urundeuva* Fr. All), de acordo com o Sistema Integrado de Classificação de Plantas com Flores[11], que obedece à seguinte hierarquia:

- Divisão: Magnoliophyta (Angiospermae);
- Classe: Magnoliopsida (Dicotiledônea);
- Ordem: Sapindales;
- Família: Anacardiacea;
- Espécie: *Myracrodruon urundeuva* Fr. All.

Myracrodruon urundeuva[12] é uma espécie arbórea tropical, pioneira antrópica ou secundária tardia. O tronco geralmente é curto e tortuoso na caatinga, mas na floresta pluvial apresenta fuste com até 12 m de altura. A espécie é considerada dioica, mas há relatos de monoica e ocorrência de hermafroditismo junto com dioica. É uma árvore muito apícola, sendo seu fruto consumido por periquitos e papagaios.[13] [14] [15] O nome comum "aroeira" é corruptela de "arara"

---

[11] CRONQUIST, A. **An Integrated System of Classification of Flowering Plants**. [*S. l.*]: Columbia University Press, 1981. *E-book*.

[12] SANTIN, D. A.; LEITÃO FILHO, H. F. Restabelecimento e revisão taxonômica do gênero Myracrodruon Freire Alemão (Anacardiaceae). **Revista Brasileira de Botânica**, [*S. l.*], v. 14, p. 133-145, 1991.

[13] *Id*.

[14] CARVALHO, M. M. O papel das árvores em sistemas de produção de animal a pasto. **O produtor de leite**, Rio de Janeiro, v. 24, n. 147, p. 56–59, 1994.

[15] POTT, A.; POTT, V. J. **Plantas do Pantanal**. Corumbá: Embrapa, 1997.

e da terminação "eira", significando "árvore da arara", por ser a planta em que, de preferência, essa ave pousa e vive.[16] Essa família é representada por aproximadamente 70-80 gêneros e cerca de 600 espécies. Sua distribuição é pantropical, com ocorrência de gêneros em regiões temperadas.[17, 18, 19, 20]

No Brasil a *M. urundeuva* compreende 12 gêneros, podendo ser encontrada do Norte até o Sul do país, em várias regiões fitoecológicas variando de 18 m, no Rio Grande do Norte, a 1.200 m de altitude, no Distrito Federal.[21]

As características de alta densidade, excelente performance mecânica e boa defesa química, física e biológica explicam a resistência, dureza e durabilidade da *M. urundeuva*, considerada a madeira mais resistente do Brasil. Enquanto 1 cm² de concreto suporta uma carga de 250 kgf, a espécie pode suportar 696 kgf, sendo registrada no Instituto de Pesquisas Tecnológicas (IPT) de São Paulo, como "durável" e se coloca no fechadíssimo grupo das madeiras com durabilidade secular, as chamadas "imputrescíveis".[22]

O centro de origem da *M. urundeuva* é descrito por vários autores[23, 24, 25], como sendo o Brasil, ocorrendo desde o Ceará até o Mato Grosso do Sul, mais frequentemente no Maranhão, Piauí, Rio Grande do Norte, Paraíba, Pernambuco, Sergipe, Bahia (caatinga), Mato Grosso do Sul, Goiás, Tocantins, Minas Gerais, Rio de Janeiro,

---

[16] CARVALHO, 1994.

[17] WILLIS, J. C. **A dictionary of the flowering plants and ferns, by J. C. Willis.** Cambridge: The University Press, 2011. Disponível em: https://doi.org/10.5962/bhl.title.1428. Acesso em: 18 abr. 2022.

[18] CRONQUIST, 1981.

[19] BARROSO, G. M. **Sistemática de angiosperma do Brasil**. 2. ed. Viçosa: Imprensa Universitária, 1984.

[20] SANTIN, D. A. **Revisão taxonômica do gênero Astronium Jacq. e reavaliação do gênero Myracrodruon Fr. Allem. (Anacardeaceae).** 178f. 1989. Dissertação (Mestrado em Biologia) – Universidade Estadual de Campinas, Campinas, 1989.

[21] *Id.*

[22] RIBEIRO, J. H. Aroeira: durável além de uma vida. **Globo Rural**, Rio de Janeiro, n. 5, p. 85-90, 1989.

[23] RIZZINI, C. T. **Árvores e madeiras úteis do Brasil**: manual de dendrologia brasileira. São Paulo: Edusp, 1971.

[24] NOGUEIRA, J. C. B. Conservação genética de essências nativas através de ensaios de progênie/procedência. **Silvicultura**, São Paulo, v. 8, n. 28, 1983.

[25] SANTIN, 1989.

Espírito Santo e São Paulo, em ambientes de Cerrado ou em regiões próximas ao Cerrado e no Paraná apresentando poucas aparições.[26, 27] A *M. urundeuva* também aparece na Bolívia, Paraguai e Argentina, nas formações vegetais do Chaco. Em formações florestais, associa-se com *Piptadenia* spp., *Choriza speciosa*, *Tabebuia impetiginosa* e *Hymenaea stignocarpa*, sendo que, nas florestas secundárias, ela pode ocorrer em povoamentos quase puros, com plantas de diferentes idades.[28]

Essa planta foi descrita como heliófita, xerófita seletiva, característica de terrenos secos e rochosos, e ocorre em agrupamentos densos, tanto em formação aberta muito seca (caatinga) como em formação muito úmida e fechada (floresta pluvial com 2 mil mm de precipitação anual). A *M. urundeuva* apresenta uma madeira rosa-claro ao ser cortada, mas ao ser exposta ao sol torna-se vermelho-escura.[29] Apresenta um cerne com altas concentrações de tanino, o qual é utilizado em curtumes, e embora sua madeira seja utilizada para lenha apresenta dificuldades para queimar.[30]

As sementes de *M. urundeuva* estão contidas dentro de frutos drupáceos, com exocarpo fortemente lignificado, têm envoltório membranáceo liso. São exalbuminosas, os embriões são do tipo axial, e o surgimento dos folíolos é epígio carnoso. São fotoblásticas negativas e apresentam uma temperatura ideal de germinação entre 15ºC e 35ºC. A germinação inicia-se em dois dias, sendo epígea e fanerocotiledonar. As folhas das plântulas apresentam forte cheiro agradável assim como na folha adulta.[31] As sementes de *M. urundeuva* são consideradas ortodoxas, podendo, portanto, ser desidratadas e conservadas hermeticamente em

---

[26] RIZZINI, 1971.

[27] LORENZI, H. **Árvores Brasileiras Vol. 1**: manual de identificação e cultivo de plantas arbóreas nativas do Brasil. Nova Odessa: Instituto Plantarum, 2009.

[28] FOOD AGRICULTURAL ORGANIZATTION – FAO. Databook on endangered tree and shrub species and provenances. **FAO Forestry Paper**, [*s. l.*], v. 77, 1986. Disponível em: www.fao.org/docrep/016/ap459e/ap459e00.pdf. Acesso em: 18 abr. 2022.

[29] LORENZI, 2009.

[30] NOGUEIRA, J. C. B. **Reflorestamento heterogeneo com essencias indigenas**. São Paulo: Instituto Florestal, 1977. (Instituto Florestal. Boletim Técnico, 24). *E-book*.

[31] FELICIANO, A. L. P. **Estudo da germinação de sementes e desenvolvimento de muda, acompanhada de descrições morfológicas, de dez espécies arbóreas ocorrentes no semi-árido nordestino**. 114 f. 1989. - Universidade Federal de Viçosa, Viçosa, 1989.

baixa temperatura, inclusive em nitrogênio líquido. Assim, sementes de *M. urundeuva* conservadas a temperatura de -20ºC e 5% de umidade relativa pode ter uma longevidade de aproximadamente 1.165 dias, ou seja, três anos.[32, 33] Em estudos da composição química de sementes de *M. urundeuva*, o teor de proteína foi 36,3%, 26,5% de lipídeos, 3,5% de açúcares solúveis e apenas 0,1% de amido. Com o estudo dos caracteres bioquímicos, foi possível observar a grande variabilidade genética, indicando que a coleta de sementes em várias árvores constitui uma amostragem mais representativa da população.

Vários sistemas de plantio, na forma de testes de progênies de *M. urundeuva* com outras espécies arbóreas nativas e exóticas, foram descritos[34] visando à produção de sementes, com qualidade genética, para a sua utilização em áreas de fomento na região do Bolsão Sul-mato-grossense. Um desses sistemas é a participação dessa espécie em reflorestamentos ciliares. Assim,[35] aos 20 anos de idade em reflorestamento ciliar, na região de Selvíria – MS, a espécie arbórea *M. urundeuva* apresentou comportamento silvicultural de 10 m de altura, 9 cm de DAP e 55% de sobrevivência, volume de madeira de 0,05 m^3 e área basal de 0,008 m^2. Comportamento adequado para espécie longeva como a *M. urundeuva* e características favoráveis para sua aplicação em plantios de sistema silvipastoril. Em Cosmópolis – SP, aos 56 anos, em uma mata ciliar implantada à margem do rio Jaguari a média dos indivíduos de *M. urundeuva* foi de 10 cm, para o DAP e de 14,67 m de altura.[36]

---

[32] MEDEIROS, A. C. S. **Comportamento fisiológico, conservação de germoplasma alongo prazo e previsão de longevidade de sementes de aroeira** (*Astronium urundeuva* (Fr. All.) Engl.). 127 f. 1996. - Universidade Estadual Paulista, São Paulo, 1996.

[33] ABDALA, L. *et al.* Biochemical traits useful for the determination of genetic variation in a natural population of *Myracrodruon urundeuva*. **Pesquisa Agropecuaria Brasileira**, [*s. l.*], v. 37, n. 7, p. 909-916, 2002. Disponível em: https://doi.org/10.1590/S0100-204X2002000700003. Acesso em: 26 nov. 2010.

[34] MORAES, M. L. T. de; MORI, E. S.; RODRIQUES, C. J. Delineamento de pomar multiespécies. *In*: HIGA, A. R.; SILVA, L. D. (org.). **Pomar de sementes de espécies florestais nativas**. Curitiba: FUPEF, 2006. p. 183-202.

[35] SILVA, A. M. *et al.* **Reflorestamento ciliar em diferentes modelos de plantio**: margem do reservatório da hidrelétrica de Ilha Solteira. 1. ed. Curitiba: Editora Appris, 2016.

[36] NOGUEIRA, J. C. B. **Reflorestamento misto com essências nativas**: a mata ciliar. São Paulo: Instituto Florestal, 2010. p. 147. Disponível em: https://www.infraestruturameioambiente.sp.gov.br/institutofforestal/2010/01/reflorestamento-misto-com-essencias-nativas-a-mata-ciliar/. Acesso em: 18 maio 2023.

A *M. urundeuva* é uma das principais plantas da medicina tradicional nordestina, conhecida pelo seu uso secular na forma de semicúpio (banho de assento) após o parto, em que se emprega o cozimento da entrecasca. Essa mesma preparação é indicada também para o tratamento caseiro de afecções cutâneas, problemas respiratórios, urinários, ainda tem ação anti-inflamatória e cicatrizante, sendo indicada no tratamento de ferimento, gastrites, úlceras gástricas, cervicites, vaginites e hemorroidas[37, 38, 39].

2.2 *Trema micrantha* e *Urochloa decumbens*

A candiúba (*Trema micrantha* (L.) Blume), também conhecida como pau-pólvora, periquiteiro, candiúba, taleira, motamba ou seriúva ou com o nome de seu gênero, Trema, é uma árvore nativa brasileira.

É uma espécie pioneira pertencente à família das Canabáceas, antes considerada pertencente à família Ulmaceae. Pode ser encontrado nas regiões Sul, Sudeste e Centro-Oeste do Brasil. Desrama: não forma fuste principal em plantio sem intervenção artificial, tendo necessidade de desbrota e desrama para a formação de fuste. Apresenta cicatrização ruim.

Seus pequenos frutos são muito consumidos pela avifauna, fazendo com que a espécie tenha um alto valor ecológico. Seus mais fiéis consumidores são os psitacídeos, família que engloba periquitos e maritacas. A madeira é leve e macia ao corte, porém de baixa resistência ao apodrecimento. Suas principais utilizações são como lenha, carvão e fabricação de pólvora.[40]

---

[37] SOUSA, M. P.; MATOS, F. J. Constituintes químicos de plantas medicinais brasileiras. *In*: LORENZI, H.; MATOS, F. J. (org.). **Plantas medicinais do Brasil**: nativas e exóticas. Nova Odessa: Instituto Plantarum, 2002. p. 512.

[38] MATOS, F. J. A. Farmácias vivas: sistema de utilização de plantas medicinais projetado para pequenas comunidades. *In*: LORENZI, H.; MATOS, F. J. A. (org.). **Plantas medicinais do Brasil**: nativas e exóticas. Nova Odessa: Instituto Plantarum, 2002. p. 267.

[39] MORS, W. B.; RIZZINI, C. T.; PEREIRA, N. A. Medicinal plants of Brazil. *In*: LORENZI, H.; MATOS, F. J. A. (org.). **Plantas medicinais do Brasil**: nativas e exóticas. Nova Odessa: Instituto Plantarum, 2002. p. 512.

[40] LORENZI, 2009.

Por ser uma espécie pioneira, de rápido crescimento e grande versatilidade ecológica, pode ser utilizada em programas de plantios florestais e de recuperação de áreas degradadas por mineração.

A *Urochloa*, sinonímia *Brachiaria decumbens* Stapf, é originária da Região dos Grandes Lagos em Uganda (África). Essa gramínea foi introduzida no Brasil em 1960, onde se adaptou muito bem, principalmente nas áreas dos Cerrados. A espécie é vigorosa e perene. É resistente à seca, adaptando-se bem em regiões tropicais úmidas. É pouco tolerante ao frio e cresce bem em diversos tipos de solo, porém requer boa drenagem e condições de média fertilidade, vegetando bem em terrenos arenosos e argilosos.

A denominação *Brachiaquia* e/ou *Urochloa* ainda conserva controvérsias e não explica contundentemente as diferenças visíveis. Trabalhos recentes sugerem maiores estudos, inclusive usando vários marcadores moleculares, para melhor entender as relações entre essas espécies e gêneros.[41] No Brasil ainda se conserva a denominação *Brachiaria*, parecendo razoável o uso da estratégia de "sinonímia" sempre que se trabalhe com espécie do complexo *Brachiaria-Urochloa* para que toda a comunidade científica tenha acesso irrestrito a toda a informação gerada. Para tanto basta escrever *Brachiaria* (Syn. *Urochloa*) ou vice-versa[42].

As gramíneas tiveram grande expansão entre as décadas de 1970 e 1990, principalmente com o plantio de espécies do gênero *Brachiaria*, com predominância de capim *Brachiaria*. Essas pastagens foram formadas, na maioria das vezes, em solos de baixa fertilidade natural, o que contribuiu para o avanço do processo de degradação, poucos anos após o estabelecimento das pastagens[43].

Apresenta queda de produção quando cultivada em solos de baixa fertilidade, adapta-se bem na faixa de latitude de 27° N e S. Altitude desde o nível do mar até 1.750 m. A temperatura ótima para seu crescimento é de 30 a 35°C.

---

[41] VALLE, C. B. do. Brachiaria e/ou Urochloa: dando nomes às plantas. **Jornal Dia de Campo**, 9 ago. 2010. Disponível em: http://www.diadecampo.com.br/zpublisher/materias/Materia.asp?id=22378&secao=Agrotemas. Acesso em: 25 abr. 2022.

[42] *Id.*

[43] BODDEY, R. M. *et al.* Nitrogen cycling in *Brachiaria* pastures: The key to understanding the process of pasture decline. **Agriculture, Ecosystems and Environment**, [*s. l.*], v. 103, n. 2, p. 389-403, 2004. Disponível em: https://doi.org/10.1016/j.agee.2003.12.010. Acesso em: 10 dez. 2011.

3

CONSERVAÇÃO E VARIABILIDADE GENÉTICA DE ESPÉCIES ARBÓREAS

3.1 CONSERVAÇÃO GENÉTICA

Conservação é definida como o manejo pelo homem, da biosfera para que possa produzir o maior benefício sustentável às atuais gerações, mantendo seu potencial de satisfazer às necessidades e aspirações das gerações futuras. Nesse sentido, a conservação é positiva e compreende a preservação, manutenção, utilização sustentável, restauração e melhoria do ambiente natural. A estratégia de conservação depende da natureza do material, do objetivo e do alcance da conservação. A natureza do material envolve a duração do ciclo total, modo de reprodução, tamanho dos indivíduos e se o material é domesticado ou não. Além disso, deve-se considerar também o tempo (curto, médio e de longos prazos) e o local onde será realizada a conservação.[44]

Antes da concretização da conservação genética de uma espécie, propõe-se a definição de três elementos básicos. O primeiro é definir o objetivo ou alvo principal, se é uma espécie, uma associação, uma comunidade ou um ecossistema. O segundo é estabelecer a escala de tempo, que reflete a dimensão temporal durante a qual se espera que um programa de melhoramento permaneça operante. Essa escala pode variar desde uma até infinitas gerações. O terceiro elemento é o manejo. Todos os tipos de manejo, inclusive a ausência, podem afetar drasticamente as relações dentro e entre as espécies, até mesmo sua sobrevivência.[45]

---

[44] NASS, L. L. *et al.* **Recursos genéticos e melhoramento – plantas.** Rondonópolis: Fundação MT, 2001.
[45] LLEIRAS, E. Conservação de recursos genéticos florestais. *In*: CONGRESSO NACIONAL SOBRE ESSÊNCIAS NATIVAS, 1992, São Paulo. São Paulo: Secretaria do Meio Ambiente/Instituto Florestal, 1992. p. 1179-1184.

A conservação da biodiversidade depende da disponibilidade de ecossistemas funcionais que, por sua vez, requerem diversidade de espécies, cada uma com funções distintas e indispensáveis no ecossistema. Cada espécie deve estar representada por populações viáveis, e isso depende da existência de ampla variabilidade genética que possibilite ajustes às mudanças ambientais ao longo das gerações. Basicamente, existem duas estratégias de conservação denominadas *in situ* e *ex situ*, as quais não são excludentes, devendo ser consideradas como complementares.

A grande diferença entre as duas formas de conservação, *in situ* e *ex situ*, é principalmente pelo fato de a primeira não ser estática, ou permitir que toda a comunidade que vem sendo conservada tenha a possibilidade de continuidade da evolução, incluindo também a evolução entre as plantas os animais e os microrganismos.[46]

3.1.1 Conservação genética *in situ*

Na conservação *in situ*, as espécies são deixadas em seus habitats naturais, e ela tem como objetivo conservar o máximo possível do número de alelos e/ou a diversidade de genótipos para que a evolução ocorra de forma contínua. Isso é importante na geração de novos genes e genótipos, particularmente em resposta às mudanças ambientais e para conferir resistência a novos tipos de patógenos desenvolvidos; bem como para que a seleção ocorra de maneira contínua. O benefício dessa prática está na conservação de muito mais biodiversidade, num ecossistema inteiro, do que apenas por amostras de germoplasmas de uma espécie. Sua desvantagem está no fato de o germoplasma não poder ser utilizado eficientemente, por não se encontrar disponível para que seja explorado rapidamente.[47]

---

[46] KAGEYAMA, P. Y.; GANDARA, F. B.; VENCOVSKY, R. Conservação in situ de espécies arbóreas tropicais. *In*: NASS, L. L. *et al*. (org.). **Recursos genéticos e melhoramento – plantas**. Rondonópolis: Fundação MT, 2001. p. 149-158. Disponível em: http://bdpi.usp.br/single.php?_id=001188733. Acesso em: 8 jan. 2019.

[47] HAYAWARD, M. D.; HAMILTON, N. R. S. Genetic diversity – population structure and conservation. *In*: CALLOW, J. A.; FORD-LLOYD, B. V.; NEWBURY, H. J. (org.). **Biotechnology in Agriculture Series**. [*S. l.*]: Cab internacional, 1997. p. 49-76.

Um dos interesses da conservação *in situ* é manter a diversidade genética dentro de populações selvagens em florestas naturais ou seminaturais possuindo a grande vantagem de permitir processos genéticos tal como o fluxo gênico dentro das espécies de interesse.[48]

Nos fragmentos florestais, vêm ocorrendo com frequência perda de diversidade genética de população em nível de espécies, mudança da estrutura genética e aumento da endogamia. Esses efeitos sugestionam várias causas para preocupação em termos da realização de uma conservação *in situ*, uma vez que a variação genética limita a habilidade de espécies para responder a mudanças em relação às condições ambientais por seleção, enquanto mudanças em estrutura de interpopulação podem alterar o balanço às quais respostas seletivas acontecem.[49]

O grande desafio da conservação *in situ* de espécies arbóreas tropicais é, sem dúvida, a altíssima diversidade de espécies associada à pouca informação genética e ecológica dessas espécies. Não pode deixar de ser mencionado o Cerrado como um ecossistema de grande diversidade de espécies arbóreas, que tem sido relegado a um segundo plano nos programas de conservação nacionais, sendo que a aptidão agrícola das áreas de Cerrado tem feito com que boa parte de sua área tenha sido desmatada. Estudos mais recentes vêm mostrando que a diversidade de plantas do Cerrado é comparável a outras áreas de florestas tropicais.

Como se pode compreender, a conservação genética *in situ* adequa-se perfeitamente à situação da alta diversidade das florestas, já que seria impossível armazenar, em condições *ex situ*, as centenas de milhares de espécies de um desses ecossistemas, juntamente com a fauna associada e que interage com elas[50].

A utilização de fragmentos de Cerrado como uma área de coleta de sementes na região do Bolsão Sul-mato-grossense pode ser indicada para várias espécies nativas por aprestarem altos índi-

---

[48] YOUNG, A. G.; BOYLE, T. J. Forest fragmentation. *In*: YOUNG, A.; BOSHIER, D.; BOYLE, T. **Forest Conservation Genetics**: Principles and Practice. Wallingford: CABI, 2000. p. 123-134. Disponível em: https://doi.org/10.1079/9780851995045.0123. Acesso em: 8 jan. 2019.

[49] *Id.*

[50] KAGEYAMA; GANDARA; VENCOVSKY, 2001.

ces de valor de importância e uma ótima distribuição espacial das árvores no fragmento, o que permite a seleção de árvores matrizes em distâncias que evite endogamia e também por contribuírem para a conservação genética *in situ*, o que agrega valor a esse fragmento como uma reserva legal.[51]

3.1.2 Conservação genética *ex situ*

A conservação *ex situ* refere-se à manutenção de genes ou complexos de genes em condições artificiais, fora do seu habitat natural. Esse tipo de conservação pode ser feito por meio de coleções permanentes de pólen, sementes, culturas de tecidos, ou coleções de plantas mantidas em campo, entre outros.[52]

O objetivo da conservação *ex situ* é manter amostras representativas das populações, com muitos alelos e combinações gênicas suficientes para que, após caracterizadas, avaliadas e multiplicadas, sejam utilizadas no melhoramento genético ou em pesquisas correlatas.[53, 54] A manutenção de populações *ex situ* tem-se revelado uma importante forma de intervenção na conservação da diversidade biológica, dado o crescente número de espécies ameaçadas de extinção. Os programas têm contribuído para a manutenção da variabilidade genética das populações, garantindo assim a permanência de espécies que de outra forma estariam indisponíveis para gerações futuras. As populações também podem servir como estoque de indivíduos para possíveis reintroduções ou aumento do tamanho de populações selvagens.

A necessidade da conservação *ex situ* geralmente é motivada pela ação antrópica. O fator mais ameaçador à conservação da diversidade das espécies cultivadas é a introdução de cultivares novas,

---

[51] CAMBUIM, J. *et al.* **Dinâmica de espécies arbóreas em um fragmento de Cerrado no Bolsão Sul-Matogrossense**. 1. ed. Curitiba: Editora Appris, 2021. 71 p.

[52] VALOIS, A. C.; NASS, L. L.; GOES, M. Conservação ex situ de recursos genéticos vegetais. *In*: NASS, L. L. *et al.* (org.). **Recursos genéticos e melhoramento de Plantas**. Brasília: Embrapa, 2001. p. 123-147.

[53] LLEIRAS, 1992.

[54] HAYAWARD; HAMILTON, 1997.

geralmente de alta produtividade, em substituição às variedades tradicionais, as quais são importantes fontes de genes pelo elevado poder adaptativo que apresentam para os diversos fatores de estresses ambientais. Outro fator importante é a destruição do habitat natural, como o que tem ocorrido com as florestas tropicais, Cerrado e outros biomas hoje em processo de degradação. Esse processo de perda da variabilidade é conhecido como erosão genética.[55]

A partir de estudos químicos, foram encontrados diversos compostos fenólicos, dentre eles taninos dos tipos catéquico e pirogálico, chalconas diméricas e outros flavonoides que se mostram biologicamente ativos. O óleo essencial apresenta alfapinino, gama-terpeno e o beta cariofileno.[56]

A capacidade de adaptação das plantações florestais às novas condições ambientais depende da existência de uma ampla diversidade genética. Diversidade genética envolve variações genéticas em nível de espécies, entre populações (procedências) dentro de espécies, entre famílias dentro de populações e entre indivíduos dentro de famílias.[57]

Um teste de progênies de *M. urundeuva* plantado no município de Selvíria – MS a partir da coleta de sementes em uma população natural localizada às margens da rodovia BR-497 na região de Iturama-MG apresentou variabilidade genética para a utilização, dessa população, em programas de conservação e melhoramento genético na região do Bolsão Sul-mato-grossense.[58]

---

[55] VALOIS; NASS; GOES, 2001.

[56] BANDEIRA, M. A. M. *Myracrodruon urundeuva allemão* (aroeira do sertão): constituintes químicos ativos da planta em desenvolvimento e adulta. *In*: LORENZI, H.; MATOS, F. J. A. (org.). **Plantas medicinais do Brasil**: nativas e exóticas. Nova Odessa: Instituto Plantarum, 2002. p. 512.

[57] OLIVEIRA, R. K. de *et al.* Considerações genéticas sobre restauração de paisagens florestais no Bioma Cerrado. *In*: SILVA, L. D.; RIOYEI, A.; VICTORIA, D. C. (org.). **Sistema de informações para planejamento florestal no cerrado brasileiro**. v. 1. Piracicaba: Universidade de São Paulo. Escola Superior de Agricultura "Luiz de Queiroz", 2019. p. 19-23. Disponível em: https://doi.org/10.11606/9788586481703. Acesso em: 21 abr. 2022.

[58] SAUL, F. A. C. *et al.* Variação genética para caracteres de crescimento em progênies de Myracrodruon Urundeuva FR. ALL. em Selvíria, Brasil. *In*: FELSEMBURGH, C. A. **Empreendedorismo e Inovação na Engenharia Florestal 2**. [*S. l.*]: Atena Editora, 2020. p. 71-78. Disponível em: https://doi.org/10.22533/at.ed.8032005068. Acesso em: 10 maio 2022.

3.2 VARIABILIDADE GENÉTICA

A exploração indiscriminada de algumas espécies raras tem uma implicação muito significativa sob o ponto de vista genético de suas populações, sendo que o risco de perdas irreversíveis de populações e consequentemente diminuição da variabilidade genética é muito grande em áreas extensas.[59]

A variabilidade genética existente em uma população é a ferramenta básica do melhorista, e o conhecimento de sua distribuição entre e dentro de famílias de meios-irmãos e quais os caracteres do meio ambiente ou da espécie que influenciam essa distribuição são de fundamental importância para se definirem as estratégias de melhoramento a serem aplicadas à população de modo a preservar o máximo da variabilidade das populações naturais, sendo necessária à estimativa de parâmetros genéticos e não genéticos.[60]

A estrutura da distribuição da variabilidade pode ser manifestada entre distintas populações geográficas, dentro de um grupo local de plantas ou mesmo em grupos de progênies.[61] Esses resultados têm grande importância, tanto para a coleta de sementes na amostragem de populações como na condução de programas de conservação genética *in situ* e *ex situ*.[62]

A variabilidade genética é importante na medida em que permite às populações se adaptarem a um ambiente em transformação. Indivíduos com certos alelos ou combinações de alelos podem ter exatamente as características necessárias para sobreviver e reproduzir

---

[59] KAGEYAMA, P. Y.; GANDARA, F. B. Dinâmica de populações de espécies arbóreas: implicações para o manejo e a conservação. *In*: SIMPÓSIO DE ECOSSISTEMAS DA COSTA BRASILEIRA. Serra Negra: ACIESP, 1993. p. 1-9.

[60] SEBBENN, A. M. *et al.* Interação genótipo x ambiente na conservação *ex situ* de *Peltophorum dubium*, em duas regiões do estado de São Paulo. **Revista do Instituto Florestal**, São Paulo, v. 11, n. 1, p. 75-89, 2009.

[61] LOVELESS, M. D.; HAMRICK, J. L. Ecological Determinants of Genetic Structure in Plant Populations. **Ann Rev. Ecol. Syst.**, [*s. l.*], v. 15, p. 65-95, 1984. Disponível em: https://doi.org/10.1146/ANNUREV.ES.15.110184.000433. Acesso em: 20 abr. 2022.

[62] FONSECA, A. J. **Variação genética em populações naturais de aroeira (***Myracrodruon urundeuva* **Fr All.) Anacardiaceae- em sistema agroflorestal**. 65 f. 2000. Dissertação (Mestrado em Sistemas de Produção Ilha Solteira) – Universidade Estadual Paulista, Ilha Solteira, 2000.

em situações novas.[63] Manter complexos gênicos na sua integridade tem grande importância em programas de melhoramento em que o objetivo é desenvolver genótipos com capacidade de adaptação às condições extremas ou atípicas para a espécie, também para a preservação de alelos para uso imediato ou futuro.

A partir da década de 80, para a conservação de essências florestais nativas, o Instituto Florestal do Estado de São Paulo e as Universidades iniciaram o programa de conservação dos Recursos Genéticos de Essências Nativas, utilizando a genética quantitativa e mais tarde marcadores bioquímicos, como as isoenzimas[64] e polimorfismos de DNA.[65, 66, 67] Há um amplo conhecimento científico a respeito de espécies nativas, que está sendo divulgado nos meios acadêmicos, e quanto mais a população tiver acesso ao conhecimento, mais a biodiversidade do Cerrado será valorizada.[68]

---

[63] PRIMACK, R. B.; RODRIGUES, E. **Biologia da conservação**. Londrina: E. Rodrigues, 2001.

[64] MORAES, M. L. T. de. **Variabilidade genética por isoenzimas e caracteres quantitativos em duas populações naturais de aroeira Myracrodruon urundeuva F. F. & M. F. Allemão – Anacardiaceae (Syn: Astronium urundeuva (Fr. Allemão) Engler)**. 139 f. 1992. Tese (Doutorado em Agronomia) – Universidade de São Paulo, Piracicaba, 1992. Disponível em: https://doi.org/10.11606/T.11.2020.tde-20200111-135731. Acesso em: 27 abr. 2020.

[65] SIQUEIRA, C. M. F.; NOGUEIRA, J. C.; KAGEYAMA, P. Y. Conservação dos recursos genéticos *ex situ* do cumbaru *Dipteryx alata* Vog. – Leguminodae. **Revista do Instituto Florestal**, Serra Negra, v. 5, n. 2, p. 231-243, 1993.

[66] FREITAS, M. L. M. **Variação genética em progênies de aroeira (*Myracrodruon urundeuva* Fr. All.) Anacardeaceae em diferentes sistemas de plantio**. 95 f. 1999. Dissertação (Mestrado em Agronomia Ilha Solteira) – Universidade Estadual Paulista, Ilha Solteira, 1999.

[67] KAGEYAMA.; GANDARA; VENCOVSKY, 2001.

[68] CANUTO, D. S. O. Sementes de baru (*Dipteryx alata* Vog.). **Revista Conexão Eletrônica**, Três Lagoas, v. 12, p. 284-295, 2015.

4

SISTEMA SILVIPASTORIL

Os sistemas silvipastoris diminuem os impactos ambientais negativos, inerentes aos sistemas convencionais de criação de gado, por favorecerem a restauração ecológica de pastagens degradadas, diversificando a produção das propriedades rurais, gerando lucros e produtos adicionais, ajudando a depender menos de insumos externos (como adubos, postes e mourões), permitindo e intensificando o uso sustentável do solo, além de outros benefícios.[69] Sistemas silvipastoris podem fornecer alimento para pessoas e para o gado, madeira, lenha, postes e mourões, frutos e castanhas, resinas, pasto apícola, entre outros produtos.[70] As árvores são subutilizadas nas propriedades rurais. A arborização das pastagens permite repovoar de forma ordenada áreas de pastagens a céu aberto, para proteger o rebanho dos extremos climáticos e ainda obter serviços ambientais, e diversificação de produtos florestais e pecuários.[71]

Árvores são um investimento em longo prazo e podem ser utilizadas no manejo do risco econômico, no planejamento da aposentadoria e como forma de transferir riqueza entre gerações.[72]

É necessário um planejamento cuidadoso para capturar todos os benefícios da presença das árvores no espaço rural. As árvores produzem madeira e outros bens florestais (resinas, produtos medicinais), combatem a salinidade e problemas de alagamento,

---

[69] FRANKE; FURTADO, 2001.

[70] MONTOYA, L. J.; MEDRADO, M. J. S.; MASCHIO, L. M. A. Aspectos de arborização de pastagens e viabilidade técnica-econômica da alternativa silvipastoril. *In*: SEMINÁRIO SOBRE SISTEMAS AGROFLORESTAIS NA REGIAO SUL DO BRASIL, 1994, Colombo. Colombo: Embrapa Florestas, 1994. p. 157-172.

[71] *Id.*

[72] ABEL, N. *et al.* **Design Principles for Farm Forestry**: A Guide to Assist Farmers to Decide Where to Place Trees and Farm Plantations on Farms. [*S. l.: s. n.*], 1997. Disponível em: http://www.dpie.gov.au/rirdc. Acesso em: 5 abr. 2022.

protegem e conservam os solos, provêm sombra e abrigo para outras plantas e animais, conservam e encorajam a biodiversidade, melhoram a beleza cênica.[73]

A utilização das árvores para a produção de madeira envolve planejamento e conhecimento das opções, necessidade de mão de obra e/ou treinamento de pessoal, produção esperada, custos, taxas, mercado e riscos envolvidos. O preço da madeira é afetado não só pela qualidade e espécies, mas também pelo custo de colheita e transporte, facilidade de acesso durante todo o ano e pela regularidade de produção.

A associação de pequenos produtores pode permitir a comercialização de volumes maiores, aumentando o preço da madeira,[74] e ainda pode viabilizar a utilização de serrarias portáteis,[75] que agregam valor ao produto comercializado. A produção de madeira leva tempo, e para maximizar os benefícios, os sistemas implantados devem utilizar o maior número de benefícios possível da presença das árvores, como proteção dos ventos e sombra.[76]

Na Grã-Bretanha, sistemas silvipastoris com ovinos e *Acer pseudoplatanus*, na densidade de 400 árvores ha^{-1}, não mostraram qualquer redução na produção anual do gado mesmo aos 12 anos de crescimento das árvores (Macaulay Land) Use Research Institute & UK Agroforestry Forum). No caso de espécies de crescimento mais rápido como larch (*Larix europaea*) e ash (*Fraxinus excelsior*), na mesma densidade, houve redução de 10% na produtividade animal, devido ao sombreamento provocado pelas árvores com 10 e 11 anos de crescimento.

O sombreamento excessivo das gramíneas forrageiras pode reduzir a produção de matéria seca. Alternativas para manter a produtividade incluem podas e raleamento (desbaste) das árvores, que podem inclusive gerar renda direta (venda de escoras, postes) ou indireta (uso na propriedade rural).

---

[73] *Id.*

[74] *Id.*

[75] SCHAITZA, E.; HOEFLICH, V. A.; RIET-RODIGHERI, R. **A utilização de serrarias portáteis em florestas de pinus e eucaliptos em pequenas propriedades rurais:** a experiência da Embrapa/Cotrel. – Portal Embrapa: Circular Técnica. Colombo: [*s. n.*], 2000. Disponível em: https://www.embrapa.br/busca-de-publicacoes/-/publicacao/290725/a-utilizacao-de-serrarias-portateis-em-florestas-de-pinus-e-eucaliptos-em-pequenas-propriedades-rurais-a-experiencia-da-embrapacotrel. Acesso em: 20 abr. 2022.

[76] ABEL *et al.*, 1997.

As plantações florestais devem ser produtivas e com sustentabilidade social, ambiental e econômica, nas regiões de cultivo, que possam contribuir com a recuperação de áreas de pastagens degradadas e/ou oferecer alternativas de uso da terra para produtores rurais no Bioma Cerrado.[77]

O país possui amplas áreas de cultivos em monocultivo e ILPF (integração lavoura-pecuária-floresta), entretanto segue o desafio de expansão dos cultivos das culturas florestais no Cerrado. E, portanto, a seleção, o desenvolvimento e a adaptação de genótipos para as diversas regiões geográficas, edáficas e climáticas do Bioma Cerrado são fundamentais para expansão de cultivos florestais em monocultivo e ILPF[78]. Dessa forma, uma atenção especial deve ser dada no estabelecimento do sistema ILPF, em cada bioma brasileiro, como se verifica na Região Norte (Amazônia)[79]; no Semiárido brasileiro (Caatinga)[80]; no Centro-Oeste e Sudeste do Brasil (Cerrado)[81]; na Mata Atlântica[82] e no Pampa gaúcho.[83]

---

[77] HIGA, A. R. *et al.* Escolha de espécies/clones para plantações florestais com finalidades econômicas no Bioma Cerrado. *In*: SILVA, L. D. *et al.* (org.). **Sistema de informações para planejamento florestal no cerrado brasileiro.** v. 2. Piracicaba: Universidade de São Paulo. Escola Superior de Agricultura "Luiz de Queiroz", 2021. p. 7-11. Disponível em: https://doi.org/10.11606/9786587391076. Acesso em: 15 abr. 2022.

[78] SILVA, L. D. *et al.* Sistema de Informações para Planejamento Florestal no Cerrado Brasileiro - "SiFlor Cerrado". *In*: SILVA, L. D.; RIOYEI, A.; VICTORIA, D. de C. (org.). **Sistema de informações para planejamento florestal no Cerrado brasileiro.** v.1. Piracicaba: Universidade de São Paulo. Escola Superior de Agricultura "Luiz de Queiroz", 2019. p. 42-199. Disponível em: https://doi.org/10.11606/9788586481703. Acesso em: 27 maio 2022.

[79] OLIVEIRA, E. B. de; PINTO JUNIOR, J. E. **O eucalipto e a Embrapa:** quatro décadas de pesquisa e desenvolvimento. [s. l.], 2021. Disponível em: https://doi.org/10.3/JQUERY-UI.JS. Acesso em: 18 maio 2023.

[80] DRUMOND, M. A. *et al.* **Sistema de integração lavoura-pecuária-floresta (ILPF) como alternativa para diversificação de renda no Semiárido brasileiro.** [s. l.], 2021. Disponível em: https://www.alice.cnptia.embrapa.br/handle/doc/1131712. Acesso em: 18 maio 2023.

[81] ANTÔNIO DE LAURA, V. *et al.* **O eucalipto em sistemas de integração lavoura-pecuária-floresta (ILPF) no Cerrado.** [s. l.], 2021. Disponível em: https://ainfo.cnptia.embrapa.br/digital/bitstream/item/223426/1/EmbrapaFlorestas-2021-LV-EucaliptoEmbrapa-cap31.pdf. Acesso em: 18 maio 2023.

[82] DIAS, M. *et al.* **O eucalipto em sistemas de integração lavoura-pecuária-floresta (ILPF) na Mata Atlântica.** [s. l.], 2021. Disponível em: https://ainfo.cnptia.embrapa.br/digital/bitstream/item/223961/1/EmbrapaFlorestas-2021-LV-EucaliptoEmbrapa-cap32.pdf. Acesso em: 18 maio 2023.

[83] TONINI, H. *et al.* **O eucalipto em sistemas de integração lavoura-pecuária-floresta (ILPF) no Bioma Pampa.** [s. l.], 2021. Disponível em: https://ainfo.cnptia.embrapa.br/digital/bitstream/item/223931/1/EmbrapaFlorestas-2021-LV-EucaliptoEmbrapa-cap33.pdf. Acesso em: 18 maio 2023.

4.1 SERVIÇOS AMBIENTAIS

Os sistemas silvipastoris têm um papel importante no estabelecimento de corredores biológicos, que favorecem o intercâmbio de genes entre populações de espécies, pela polinização e dispersão de sementes, interligando fragmentos florestais dispersos e isolados.[84]

Além disso, sistemas silvipastoris promovem a conservação e melhoria do solo, por meio da redução da erosão eólica, estabilização dos solos, especialmente nas encostas, ação descompactante das raízes e atividade microbiana.

As árvores aceleram a ciclagem de nutrientes, principalmente no caso de plantas fixadoras de nitrogênio e com micorrizas, aumentando os nutrientes disponíveis no sistema. A sombra, também, reduz o estresse térmico e auxilia no ganho produtivo dos animais.[85]

As árvores auxiliam a conservação do solo de várias maneiras: reduzem a erosão do solo, aumentam a matéria orgânica do solo, melhoram a estrutura do solo e aceleram a ciclagem de nutrientes. As árvores ajudam a reduzir a erosão pela redução do fluxo do vento e de água, mantendo o solo agregado e aumentando a infiltração. A recuperação de áreas degradadas pode ser auxiliada pela deposição de restos vegetais, incluindo tocos, galhos e liteiras, ao longo de curvas de nível, onde eles podem segurar matéria orgânica e sementes.

Serrapilheira ou liteira é todo material de origem vegetal (folhas, galhos, frutos, flores e outras partes das plantas) e de origem animal (carcaças e fezes, por exemplo) que se acumula sobre o solo e serve como fonte de energia e nutrientes para seres decompositores e para a vegetação.[86]

---

[84] FRANKE; FURTADO, 2001.

[85] MONTOYA; MEDRADO; MASCHIO, 1994.

[86] CALDEIRA, M. V. W. et al. Quantificação de serapilheira e de nutrientes – Floresta Ombrófila Mista Montana – Paraná. **Revista Acadêmica Ciência Animal**, [S. l.], v. 5, n. 2, p. 101-116, 2007. Disponível em: https://doi.org/10.7213/cienciaanimal.v5i2.9720. Acesso em: 29 abr. 2022.

O aumento nos teores de matéria orgânica do solo e de liteira das árvores ajuda a melhorar a estrutura do solo e aumenta a infiltração da água pluvial. As raízes de algumas árvores podem penetrar mesmo em solos bastante compactados, auxiliando a melhorar a capacidade de infiltração da água.[87]

Árvores exploram camadas de solo de um a mais de cinco metros abaixo do sistema de raízes de culturas anuais e de forrageiras. As raízes trazem nutrientes e os depositam na superfície do solo como liteira, que se decompõe formando a matéria orgânica do solo. A dispersão desses nutrientes para longe das árvores pode ser alcançada pela rotação de longo prazo entre árvores e culturas/pastagens, pela alimentação dos animais com a forragem oriunda das árvores e pelo plantio das árvores junto com as culturas/pastagens. As raízes, ao penetrarem o solo, formam poros, que com a decomposição das raízes auxiliam a infiltração de água. No ambiente mais ameno sob as árvores, a macrofauna contribui também para aumentar a permeabilidade do solo.[88]

A germinação das sementes e o desenvolvimento de uma faixa de vegetação ao longo dessas linhas aumenta, com o tempo, o controle dos fluxos de água e de vento, bem como a ciclagem de nutrientes. As raízes de algumas árvores podem penetrar mesmo em solos bastante compactados, auxiliando a melhorar a capacidade de infiltração da água.[89]

A taxa de decomposição da liteira em matéria orgânica é afetada pela relação carbono: nitrogênio no solo. O maior teor de nitrogênio, como é encontrado de modo geral nas leguminosas, acelera a conversão em matéria orgânica. Além disso, o nitrogênio incorporado a partir das leguminosas é menos propenso a sofrer lixiviação que o de fertilizantes comerciais. Algumas espécies de árvores, como *Eucalyptus humiferas*, aumentam a disponibilidade de fósforo pela secreção de exsudados da raiz. Árvores que se associam a micorrizas (como *Pinus radiata, Eucalyptus marginata*) também aumen-

---

[87] ABEL *et al.*, 1997.

[88] *Id.*

[89] *Id.*

tam o aproveitamento dos nutrientes. Se as árvores são raleadas ou colhidas como madeira, há exportação de nutrientes, que costuma ser menor que as perdas em culturas de cereais. A exportação de nutrientes pode ser reduzida ao se deixarem raízes, folhas e casca no local, reduzindo a necessidade de fertilizante para o próximo ciclo de plantio das árvores.

O uso de espécies forrageiras para a conservação de solo é uma boa maneira de obtenção de retorno econômico de áreas que estão sendo degradadas sob manejo convencional.[90] As prinicpais forrageiras utilizadas em ILPF são:[91] braquiarão (*Urochloa brizantha*), braquiária decumbens (*Urochloa decumbens*), colonião (*Panicum maximum*), tifton 85 (*Cynodon* sp.), azevém anual (*Lolium multiflorum*), estrela (*Cynodon nlemfuensis*), amendoim forrageiro (*Arachis pintoi*), hermanthria (*Hermathria altissima*), missioneira (*Axonopus compressus*) e bufell (*Cenchrus ciliares*).

O vento transporta muitas pragas, e a proteção das árvores reduz o transporte das pragas para longe, evitando a necessidade de tratamento. Os quebra-ventos podem servir como uma barreira efetiva para reduzir a contaminação por aspersão, sendo recomendados para sistemas de produção orgânicos. As árvores atraem predadores — aves e insetos — e podem também aumentar a polinização. Por outro lado, o ambiente mais úmido encontrado sob as árvores pode favorecer a incidência de doenças fúngicas.[92]

4.2 BENEFÍCIOS SOCIAIS

Grande parte dos produtores rurais necessita de alternativas de aumento de emprego e renda. Nesses casos, o produtor pode usar suas melhores terras com plantios agrícolas e, obedecendo à legislação, ocupar as terras de relevo mais acidentado, pobres ou abandonadas, principalmente, com o plantio de árvores, também em sistemas consorciados. Sistemas agroflorestais melhoram a distri-

---

[90] *Id.*

[91] PORFIRIO-DA-SILVA, V. *et al.* **Arborização de pastagens com espécies florestais madeireiras**: implantação e manejo. [*S. l.: s. n.*], 2009. Disponível em: http://www.cnpf.embrapa.br. Acesso em: 19 maio 2023.

[92] ABEL *et al.*, 1997.

buição da mão de obra ao longo do ano, diversificando a produção, melhorando as condições de trabalho no meio rural e da qualidade de vida do produtor.

Em média, 29,7%[93] dos estabelecimentos rurais do estado de Mato Grosso do Sul apresentavam renda monetária bruta negativa, o que pode ser um indício de que, entre outras causas, os atuais sistemas de uso das terras podem não estar conseguindo assegurar a capacidade produtiva. Em sistemas silvipastoris, estima-se que pastagens com 200 árv. ha^{-1}, manejadas para produzir madeira para serraria, poderiam adicionar cerca de R$ 300,00 $ha^{-1}ano^{-1}$.[94]

A lucratividade de sistemas silvipastoris tem sido demonstrada por vários trabalhos,[95] que compararam monocultura de floresta, monocultura de pastagens, e sistema silvipastoril com 250 e 416 árvores por hectare. Este último sistema apresentou as melhores taxas internas de retorno do investimento efetuado, superando a renda líquida obtida nas monoculturas.

Plantações florestais são excelentes opções para restauração dos serviços ecossistêmicos em que a degradação é avançada. Serviços ecossistêmicos envolvem desde a produção de madeira demandada pela sociedade até a restauração da capacidade produtiva do solo, conservação da água e preservação da biodiversidade da vegetação natural remanescente.[96]

4.3 ESCOLHA DAS ESPÉCIES ARBÓREAS

Sempre devem-se buscar espécies adequadas às condições ecológicas do lugar; compatíveis com outros componentes do sistema (por exemplo, evitar árvores que produzam frutos tóxicos aos

---

[93] PORFÍRIO-DA-SILVA, V. Sistemas silvipastoris em Mato Grosso do Sul – para que adotá-los? *In*: SEMINÁRIO SISTEMAS AGROFLORESTAIS E DESENVOLVIMENTO SUSTENTÁVEL, 2003, Campo Grande. Campo Grande: Embrapa, 2003.

[94] PORFÍRIO DA SILVA, V. Arborização de pastagens como prática de manejo ambiental e estratégia para o desenvolvimento sustentável no Paraná. *In*: CARVALHO, M. M.; ALVIM, M. J.; CARNEIRO, J. C. (org.). **Sistemas agroflorestais pecuários**: opções de sustentabilidade para áreas tropicais e subtropicais. Juiz de Fora: Embrapa Gado de Leite, 2001. p. 235-255.

[95] PORFÍRIO-DA-SILVA, 2003.

[96] HIGA *et al.*, 2021.

bovinos); espécies adequadas à prática agroflorestal que se quer implantar (por exemplo, raízes profundas para as espécies de barreiras quebra-vento, leguminosas quando se deseja aumentar a fertilidade do solo, tolerância ao corte para forrageiras); espécies de silvicultura conhecida, entre outros.[97]

O crescimento[98] no período inicial (5 - 8 anos) de árvores plantadas em espaçamentos largos (50 a 400 plantas ha^{-1}) em sistemas agroflorestais (60% silvipastoris) com plantios florestais comerciais (600 a 1.400 plantas ha^{-1}) relaciona-se com a escolha de espécies não adaptadas às condições do local de plantio. As árvores de sistemas silvipastoris desenvolveram-se muito bem, com taxas de crescimento em altura equiparáveis aos plantios florestais.

A escolha de espécies arbóreas em um sistema silvipastoril é fundamental para o sucesso do sistema. Na região de Campo Grande – MS[99], as seguintes espécies: caroba (*Jacaranda cuspidifolia*), chico--magro (*Guazuma ulmifolia*), canafístula (*Peltophorum dubium*), copaíba (*Copaifera langsdorffi*), ipê roxo (*Tabebuia impetiginosa*), amendoim bravo (*Pterogyne nitens*), angico (*Anadenathera colubrina*), guanandi (*Calophyllum brasilienses*), aroeira (*Myracrodruon urundeuva*), cedro (*Cedrella fissilis*) e cumbaru (*Dipteryx* alata) com recomendação para a utilização das espécies: *G. ulmifolia, J. cuspidifolia* e *P. dubium*. Nesse trabalho, a *M. urundeuva* teve uma das melhores sobrevivências, o que é interessante em se tratando de uma espécie de ciclo longo.

4.4 ARRANJOS ESPACIAIS

O arranjo espacial em sistemas agroflorestais envolve a definição do número de árvores a ser plantado; a escolha correta das espécies, nos locais onde sua implantação trará maior resultado. É

---

[97] MONTOYA VILCAHUAMAN, L. J.; BAGGIO, A. J. **Guia prático sobre arborização de pastagens**. Colombo: Embrapa Florestas, 2000.

[98] BALANDIER, P.; DUPRAZ, C. Growth of widely spaced trees. A case study from young agroforestry plantations in france. **Agroforestry Systems**, v. 43, p. 151-167, 1998. Disponível em: https://doi.org/10.1023/a:1026480028915. Acesso em: 24 jul. 2011.

[99] MELOTTO, A. *et al.* Sobrevivência e crescimento inicial em campo de espécies florestais nativas do Brasil Central indicadas para sistemas silvipastoris. **Revista Árvore**, [*s. l.*], v. 33, n. 3, p. 425-432, 2009. Disponível em: https://doi.org/10.1590/S0100-67622009000300004. Acesso em: 27 jul. 2011.

um processo que visa maximizar os benefícios. Envolve um período de aprendizado no qual é sensato minimizar os riscos, começando aos poucos e aprendendo com a experiência. É preciso identificar a principal razão que leva o produtor a plantar as árvores diversificação da produção e aumento da resiliência da propriedade, aumento da produtividade pela proteção das culturas/pastagens ou produção de alimento na seca, proteção de recursos naturais da erosão ou dos ventos dessecantes ou conservação da biodiversidade e então capturar o máximo de outros benefícios que possam ser associados, por meio de modificações no projeto inicial, mas sempre tendo em mente o objetivo principal. O plantio de árvores numa encosta erodida pode ter como ganho associado o aumento de produção de culturas e pastagens pela proteção dos ventos, sombra para o gado e a produção de madeira para serraria. Ainda que a produção de madeira seja apenas marginalmente lucrativa, os benefícios globais podem tornar o investimento altamente recomendável.[100]

O sucesso na implantação de sistemas agroflorestais depende de uma série de fatores, entre eles a disponibilidade de mudas de boa qualidade, viabilizada pela seleção de matrizes e implantação de viveiros.[101]

As necessidades de preparação da área para o plantio dependem do objetivo. Em alguns empreendimentos, altas taxas uniformidade das árvores podem ser desejáveis para assegurar melhor planejamento do manejo e da colheita, e podem exigir um preparo mais intensivo oneroso da área, envolvendo gradagem, irrigação e controle de plantas invasoras. Pode ser ainda que, em algumas situações, não se necessite de máxima taxa de crescimento inicial, e pode ser possível reduzir os custos de implantação. Assim, por exemplo, um produtor que decide plantar árvore pode aceitar um menor crescimento das árvores e produção de madeira para serraria em função da proteção e controle da erosão.[102]

---

[100] ABEL *et al.*, 1997.

[101] SALAM, M. A.; NOGUCHI, T.; KOIKE, M. Understanding why farmers plant trees in the homestead agroforestry in Bangladesh. **Agroforestry Systems**, [*s. l.*], v. 50, n. 1, p. 77-93, 2000. Disponível em: https://doi.org/10.1023/A:1006403101782. Acesso em: 15 dez. 2010.

[102] ABEL *et al.*, 1997.

4.5 DISTRIBUIÇÃO DAS ÁRVORES NA PAISAGEM: TIPOS DE SAFS

Os sistemas silvipastoris podem ser classificados de acordo com o tipo de arranjo e a finalidade. Alguns dos tipos mais utilizados são árvores dispersas nas pastagens, bosquetes nas pastagens, árvores em faixas na pastagem, plantio florestal madeireiro ou frutífero com animais, cerca viva e mourão vivo, banco forrageiro e quebra-vento.[103]

A distribuição das árvores pode afetar a qualidade da madeira. Para aumentar o crescimento em diâmetro de árvores selecionadas, a competição entre árvores próximas deve ser reduzida, à medida que as árvores crescem. É difícil saber quantas árvores deixar e onde começar. Na Austrália, como regra geral, recomenda-se para lugares sem déficit hídrico que as árvores devem ser distanciadas em média pelo menos 25 vezes o diâmetro das árvores mais grossas. Assim, árvores que foram plantadas em espaçamento 3 m x 3 m (1.100 árv. ha^{-1}) vão começar a competir, e seu crescimento em diâmetro vai ser restringido. Quando os galhos são podados, o raleamento feito à distância de 25 vezes o diâmetro pode diminuir o tempo necessário para o corte, sem comprometer a qualidade da madeira.

Quando a competição é desejada, como forma de diminuir o tamanho dos nós, o raleamento para 20 vezes o diâmetro pode ser preferido, dependendo do grau de desrama natural.[104]

4.6 ÁRVORES DISPERSAS NA PASTAGEM

As árvores podem estar distribuídas de modo aleatório ou em espaçamentos predeterminados. Podem ser oriundas do manejo da regeneração natural ou podem ser plantadas. Quando as árvores estão dispersas na pastagem, a distribuição dos benefícios — aumento da fertilidade do solo pela incorporação de nutrientes, sombra, proteção — é mais homogênea na área.[105]

---

[103] FRANKE; FURTADO, 2001.

[104] ABEL *et al.*, 1997.

[105] MONTOYA; MEDRADO; MASCHIO, 1994.

O critério mais importante para a produção de madeira é formar árvores retas, com fuste longo, são mais fáceis de colher e processar, além de permitirem uma melhor utilização na serraria. Árvores plantadas com maior espaçamento têm seu crescimento em diâmetro maximizado. Apesar de o volume de madeira produzida ser menor em comparação com plantios adensados, as árvores precisam de menor tempo para atingir o tamanho adequado para comercialização e tem maior valor individual, o que pode compensar a perda de volume. Quando o espaçamento é grande, pode haver crescimento excessivo de galhos, sendo, às vezes, necessário fazer a desrama.[106] A densidade, no caso de árvores dispersas, pode ser tão baixa quanto 5 a 20 árvores/ha.[107]

Quanto à formação de faixas de árvores, recortando toda a pastagem preferencialmente em nível, algumas vezes recomenda-se o plantio das faixas de árvores seguindo as trilhas dos animais nas encostas, para facilitar o seu deslocamento, ao mesmo tempo que se mantém o benefício em termos de conservação do solo e do ambiente como um todo. As árvores podem ser plantadas em uma única linha, ou podem ser plantadas duas ou mais linhas juntas. A utilização de linhas duplas de árvores, plantadas alternadamente, pode ser uma boa alternativa para a produção de árvores associadas a pastagens.[108]

O plantio em linhas duplas busca proporcionar exposição total ao sol de pelo menos um dos lados das árvores, mantendo, assim, uma boa taxa de crescimento das árvores. Do ponto de vista ecológico, o plantio de linhas ou de árvores agrupadas mais densamente, como os bosquetes, proporciona uma maior área de borda árvores/pasto, muito atraente para a vida silvestre que se abriga junto às árvores.[109]

O plantio das árvores em linhas pode facilitar a entrada de implementos agrícolas. As linhas podem ser distanciadas entre si de 10 m a 30 m, com espaçamentos adensados na linha de 3m

---

[106] ABEL *et al.*, 1997.
[107] MONTOYA; MEDRADO; MASCHIO, 1994.
[108] SHARROW, S. H. **Silvopasture Design with Animal in Mind.** [*S. l.*], 1998. Disponível em: https://www.aftaweb.org/latest-newsletter/temporate-agroforester/71-1998-vol-6/july-no-3/29-silvopasture-design.html. Acesso em: 20 abr. 2022.
[109] *Id.*

a 6 m. As árvores podem ser podadas e raleadas à medida que se desenvolvem, para maximizar sua produção e para manter a produção do pasto.[110]

A adoção de espaçamentos de plantio mais amplos nos cultivos com espécies florestais/clones gera boa oportunidade para a integração com outras culturas, como o uso de sistemas ILPF (integração lavoura-pecuária-floresta). Além dos benefícios dos serviços ecossistêmicos, esse sistema integrado de produção resulta na diversificação da produção e de renda, gera benefícios como a amortização dos custos da cultura florestal utilizada melhorando a segurança financeira do produtor.[111]

O rebanho tem a tendência de caminhar paralelamente a barreiras, tais como as fileiras de árvores, o que facilita a condução dos animais entre elas. Entretanto os animais podem ficar relutantes em atravessar entre as linhas de árvores. O manejo do rebanho pode ficar mais complicado quando uma parte dos animais perde o contato visual com o condutor, escondido pela vegetação, enquanto outra parte consegue vê-lo.[112]

O plantio de árvores em linhas na pastagem também pode ser realizado com o objetivo específico de reduzir a ação de ventos sobre os animais ou sobre a pastagem, ou seja, quebra-ventos. Quebra-ventos são estreitas faixas de árvores, arbustos e/ou gramíneas, plantados de forma perpendicular aos ventos dominantes, para proteger plantações e pastagens, casas e edificações rurais e outras áreas do vento e de rajadas de areia. Quando as árvores são plantadas em linhas, elas podem funcionar como quebra-ventos e alterar, então, o microclima de uma forma mais sistemática. Existem estimativas de que a conversão de 2% da área em quebra-ventos (quebra-ventos de 20 m de altura, distantes 25 vezes

---

[110] MONTOYA VILCAHUAMAN; BAGGIO, 2000.

[111] SILVA, L. D. *et al*. Plantações com espécies florestais/clones em monocultivos e sistema iLPF no bioma Cerrado. *In*: SILVA, L. D. *et al*. (org.). **Sistema de informações para planejamento florestal no Cerrado brasileiro**. v. 2. Piracicaba: Universidade de São Paulo. Escola Superior de Agricultura "Luiz de Queiroz", 2021b. p. 44-52. Disponível em: https://doi.org/10.11606/9786587391076. Acesso em: 5 abr. 2022.

[112] SHARROW, 1998.

a altura) pode reduzir a velocidade dos ventos em 30%. À medida que o uso de quebra-ventos aumenta, maior o efeito de proteção em uma escala regional.[113]

Espécies arbóreas plantadas em modelos de plantio em reflorestamento ciliar em linha contribuíram com a deposição de material orgânico suficiente para reciclagem de nutrientes e manter as propriedades físicas e químicas do solo em boas condições.[114] Portanto são vantagens favoráveis quando se plantam SAFs em linha.

4.7 BARREIRAS QUEBRA-VENTO

Barreiras quebra-ventos reduzem a velocidade do vento que atinge a área protegida. As árvores selecionadas para compor as barreiras quebra-vento devem ser resistentes aos ventos, às pragas e às doenças, além de terem raízes profundas, serem de rápido desenvolvimento e frondosas (perenifólias). No delineamento de barreiras quebra-vento, a estrutura do quebra-vento (porosidade, formato, largura, comprimento e altura) e distribuição espacial (orientação, espaçamento, configuração) deve ser claramente definida para que se alcance o máximo de benefícios. De modo geral, considera-se que as barreiras quebra-vento protegem dos ventos até uma distância de cerca de 10 a 20 vezes sua altura. Os quebra-ventos devem ser longos, estendendo-se por pelo menos 20 vezes sua altura, e podem ser conectados a matas e áreas protegidas adjacentes.[115] Em uma compilação de dados obtidos nos Estados Unidos com barreiras quebra-ventos mostraram aumento no valor da propriedade da ordem de 6% a 12%, na produção agrícola de 6% a 44% e redução na erosão eólica em 50% a 100% e no nível de ruído de 10% a 20%.[116]

---

[113] ABEL *et al.*, 1997.

[114] SILVA, A. M. *et al.*, 2016.

[115] ABEL *et al.*, 1997.

[116] WILKINSON, K. M.; ELEVITCH, C. R. Multipurpose windbreaks: design and species for Pacific Islands. **Agroforestry guides for Pacific Islands**, [*s. l.*], v. 8, 2000.

Em uma comparação entre pastagem não arborizada e um sistema silvipastoril com árvores dispostas em linhas curvilíneas[117], a velocidade média dos ventos no sistema silvipastoril foram menores em 26% (inverno) e 61% (verão), ficando próximas aos valores recomendados (1,4 a 2,2 m s⁻¹).

Entre as espécies indicadas para quebra-ventos, figuram o nim (*Azadiractha indica*), urucum (*Bixa orellana*), gliricidia (*Gliricidia sepium*), grevílea (*Grevillea robusta*), chico-magro (*Guazuma ulmifolia*), eucaliptos (*Eucalyptus camaldulensis* e *E. tereticornis*), leucena (*Leucaena leucocephala*), cinamomo (*Melia azedarach*), mangueira (*Mangifera indica*), entre outras.[118]

As árvores, plantadas como quebra-ventos, podem proteger as pastagens e culturas do fogo, especialmente quando se utilizam árvores de baixa combustibilidade, tais como aroeira-salsa (*Schinus molle*), cinamomo (*Melia azedarach*), amora (*Morus* spp.), salgueiro (*Salyx* spp.) e grevílea (*Grevillea robusta*). A barreira reduz os ventos, desvia o calor e segura fagulhas. As características desejadas nas árvores e arbustos plantados para auxiliar no controle de incêndio são de alto teor de sal (*Tamarix* sp., *Rhagodia* sp., *Atriplex* sp., *Eucalytpus occidentalis, E. sargentii*); presença de folhas carnudas (cactos); folhas com baixo teor de óleos voláteis; poucos galhos, inseridos longe do solo; tronco liso com casca grossa e isolante; copas densas e baixa queda de folhas e de galhos.[119]

4.8 ESTABELECIMENTO DE ÁRVORES EM BOSQUETES OU TALHÕES

As árvores podem ser implantadas em espaçamentos 3 m x 2 m, 3 m x 3 m, por exemplo, ou na forma de capões de mata nativa na pastagem.[120] No plantio adensado, a desrama natural

---

[117] PORFIRIO-DA-SILVA, V. *et al.* Sombras e ventos em sistema silvipastoril no Noroeste do Estado do Paraná. *In*: CONGRESSO BRASILEIRO EM SISTEMAS AGROFLORESTAIS, 1998, Belém. Belém: Embrapa, 1998. p. 215-218.

[118] MEDRADO, M. J. S. **Sistemas agroflorestais**: aspectos básicos e indicações. Colombo: Embrapa Florestas, 2000.

[119] FIRE RETARDANT PLANTS. **Zanthorrea Nursery**. [*S. l.: s. n.*], 2004. Disponível em: http://www.zanthorrea.com. Acesso em: 12 set. 2011.

[120] MONTOYA VILCAHUAMAN; BAGGIO, 2000.

é favorecida e o sombreamento entre as árvores aumenta com o crescimento em altura das plantas. No caso de as condições ambientais serem desfavoráveis, as árvores mais externas no talhão protegem as árvores de dentro. Na Grã-Bretanha, comparou-se o desempenho de dois sistemas (talhões – 400 árv. ha^{-1} e árvores dispersas – 400 e 100 árv. ha^{-1}) ao plantio florestal puro (2.500 árv. ha^{-1}). Dessa forma, verificou-se que os talhões combinaram os benefícios no crescimento das árvores e produtividade animal, que não se reduziu durante os seis primeiros anos de implantação do sistema.[121]

4.9 ESCOLHA DAS ESPÉCIES

Entre as características desejáveis para árvores que vão compor sistemas silvipastoris, destacam-se: adaptação às condições ecológicas da área (fertilidade de solo, regime de chuvas e de seca, excesso de alumínio, encharcamento etc.), compatibilidade com os demais componentes do sistema (sem partes tóxicas para o gado, crescimento rápido, tronco sem ramificações laterais (fuste reto) em condições de campo a céu aberto, resistentes ao vento (raízes profundas), capacidade de rebrota, silvicultura conhecida, capacidade de fixar nitrogênio, e possibilidade de fornecer alimentos.[122] Quando a finalidade do plantio florestal for madeira, busca-se o fuste retilíneo, condição favorecida pelo plantio em densidade maior ou na capoeira. Assim, por exemplo, o bálsamo (*Pterogyne nitens*) produz bom fuste quando tutorado na mata, mas é bastante ramificado e tortuoso em ambiente aberto.[123]

---

[121] TEKLEHAIMANOT, Z.; JONES, M.; SINCLAIR, F. L. Tree and livestock productivity in relation to tree planting configuration in a silvopastoral system in North Wales, UK. **Agroforestry Systems**, [*s. l.*], v. 56, n. 1, p. 47-55, 2002. Disponível em: https://doi.org/10.1023/A:1021131026092. Acesso em: 20 abr. 2022.

[122] MONTOYA; MEDRADO; MASCHIO, 1994.

[123] POTT, A.; POTT, V. J. Plantas nativas potenciais para Sistemas Agroflorestais em Mato Grosso do Sul. **Agroforestry Systems**, Campo Grande, n. 67, p. 1-9, 2003. Disponível em: https://www.researchgate.net/profile/Arnildo-Pott/publication/265268121_Plantas_Nativas_Potenciais_para_Sistemas_Agroflorestais_em_Mato_Grosso_do_Sul/links/54a142910cf267bdb902000c/Plantas--Nativas-Potenciais-para-Sistemas-Agroflorestais-em-Mato-Grosso-do-. Acesso em: 20 abr. 2022.

Na Grã-Bretanha, o plantio de árvores em talhões, na densidade de 400 árv. ha^{-1}, é recomendado como forma de aumentar a altura do fuste e favorecer a desrama natural.[124] Autores[125] sugeriram 116 espécies lenhosas nativas com potencial de uso em sistemas agroflorestais em Mato Grosso do Sul. Entre elas, destacam-se a bocaíuva (*Acrocomia aculeata*), buriti (*Mauritia flexuosa*), chico-magro (*Guazuma ulmifolia*), cumbaru (*Dipteryx alata*), embaúba (*Cecropia pachystachya*), ingá (*Inga vera* ssp. affinis), jatobás (*Hymenaea courbaril* e *H. stigonocarpa*), pequi (*Caryocar brasiliense*), periquiteira (*Trema micrantha*) e tarumã (*Vitex cymosa*).

No caso de sistemas silvipastoris, entre as espécies recomendadas podem-se citar a grevílea (*Grevillea robusta*), sibipiruna (*Caesalpinea peltophorioides*), ingá (*Inga sessilis*), canafistula (*Peltophorum dubium*), leucena (*Leucaena leucocephala*), eucaliptos e pinus.[126]

4.10 PRINCIPAIS MÉTODOS PARA ESTABELECER SISTEMAS SILVIPASTORIS

Quando se vão formar pastagens em áreas que ainda tenham a vegetação nativa arbórea, é recomendável que se mantenha o maior número possível dessas espécies. As árvores podem ficar espalhadas, podem ser mantidas em pequenos bosquetes ou em faixas para facilitar o uso de máquinas agrícolas.[127] Algumas espécies são menos tolerantes ao isolamento, e dentro de pouco tempo perecem e desaparecem das pastagens.

a. Introdução de árvores em pastagens formadas

Existem várias alternativas para introduzir árvores em pastagens já formadas e para formar sistemas silvipastoris com o plantio simultâneo de árvores e das forrageiras herbáceas, entre as quais estão o manejo da regeneração natural e o plantio de mudas.[128]

---

[124] TEKLEHAIMANOT; JONES; SINCLAIR, 2002.

[125] POTT; POTT, 2003.

[126] MONTOYA VILCAHUAMAN; BAGGIO, 2000.

[127] CARVALHO, M. M. *et al.* Estabelecimento de sistemas silvipastoris: ênfase em áreas montanhosas e solos de baixa fertilidade. **Circular Técnica**, Juiz de Fora, 68, p. 1-12 dez. 2002. Disponível em: https://www.infoteca.cnptia.embrapa.br/infoteca/handle/doc/595695. Acesso em: 21 abr. 2022.

[128] *Id.*

b. **Regeneração natural**

Pastagens abandonadas não podem recuperar espontaneamente os atributos de savanas antigas. Apesar da alta regeneração natural relatada da vegetação de savana neotropical, pastagens abandonadas não retornarão espontaneamente a um estado de savana antiga. Mesmo essas áreas sendo protegidas do fogo e sem a camada de solo nativo, o estado final das savanas secundárias será uma floresta de baixa diversidade.[129] Esses são ambientes degradados apropriados para serem recuperados com sistema silvipastoril.

O manejo da regeneração natural é o meio mais econômico de arborizar pastagens. A possibilidade de sucesso dessa prática depende da existência de um banco de sementes no solo, facilidade de germinação das sementes, competição com as gramíneas e danos pelos animais, entre outros.[130] As espécies arbóreas que possuem sistema radicular profundo e capacidade para rebrotar após o desfolhamento pelo gado são aquelas com maiores possibilidades de se desenvolverem.

O sistema convencional de limpeza das pastagens envolve a retirada sistemática da vegetação arbórea e arbustiva, considerada invasora das pastagens, de uma a duas vezes por ano. O manejo consiste no corte seletivo da vegetação, mantendo as espécies de interesse. Em área de Cerrado de Minas Gerais, selecionaram bolsa de pastor (*Zeyheria tuberculosa*) e aroeira (*Myracrodruon urundeuva*) como componentes de pastagens de jaraguá (*Hyparhenia rufa*), meloso (*Melinis minutiflora*) e sapé (*Imperata* spp.). O objetivo foi de manter a densidade de 6 a 10 m^2 árv.$^{-1}$. Bolsa de pastor foi pastoreada pelo gado, mas os danos foram reduzidos quando as árvores alcançaram 3 m de altura. Não se observaram prejuízos no crescimento da pastagem sob as árvores.

O manejo da pastagem pode incluir períodos curtos de pastejo controlado, com ocupação da área de pastagem por períodos curtos,

---

[129] CAVA, M. G. B. *et al.* Abandoned pastures cannot spontaneously recover the attributes of old-growth savannas. **J Appl Ecol**, [*s. l.*], v. 55, p. 1164-1172, 2018. Disponível em: https://doi.org/10.1111/1365-2664.13046. Acesso em: 26 mar. 2022.

[130] CARVALHO *et al.*, 2002.

seguido de períodos adequados de descanso, procurando manter boa disponibilidade de pastagem. Os danos por animais em árvores jovens, de duas espécies nativas, foram mais elevados quando houve menor disponibilidade de forragem no início do período de pastejo. Esse efeito se perde quando a espécie arbórea é palatável.[131]

c. Proteção das mudas

Uma das dificuldades para a introdução de árvores em pastagens é o dano provocado por pisoteio ou mordiscamento das mudas quando não há barreiras físicas de proteção para limitar o acesso do gado. [132] Das mudas de algaroba (*Prosopis julliflora*), introduzidas, sem proteção, em pastagem de capim buffel (*Cenchrus ciliaris*), 62% foram mortas nove meses após o plantio.

A sobrevivência[133] de apenas 14% das mudas plantadas sem proteção, na presença de gado, um ano após o plantio, foi influenciada por fatores do porte inicial das mudas (mudas mais altas têm melhor sobrevivência) e rusticidade da espécie angico (*Parapitadenia rígida*), alfeneiro (*Ligustrum lucidum*), ipê-roxo (*Tabebuia acellanedae*) e araçá (*Psidium cattleianum*), que mostraram alta resistência e capacidade de rebrote.

De modo geral, estima-se que as árvores devem ser protegidas do rebanho até atingirem 1,5 m, no caso de ovinos, ou 2,0 m para bovinos.[134] Em eucaliptos, que têm o crescimento inicial bastante elevado, podem ser introduzidos animais já no primeiro ano.[135]

---

[131] *Id.*

[132] CARVALHO, M. M. **Arborizacao de pastagens cultivadas.Documentos.** n. 64. Juiz de Fora: [*s. n.*], 1998. Disponível em: https://www.infoteca.cnptia.embrapa.br/infoteca/handle/doc/593408. Acesso em: 23 abr. 2022.

[133] PORFIRIO-DA-SILVA *et al.*, 1998.

[134] ABEL *et al.*, 1997.

[135] GARCIA, R. *et al.* Sistemas Silvipastoris na região Sudeste: A Experiência da CMM. **Seminário de Sistemas Agroflorestais e Desenvolvimento Sustentável**: Opção de sustentabilidade para áreas tropicais e subtropicais. Campo Grande: Embrapa, 2003. p. 173-187. Disponível em: https://www.researchgate.net/profile/Laercio-Couto/publication/267547094_Sistemas_Silvipastoris_na_Regiao_Sudeste_A_Experiencia_da_CMM/links/546cb2340cf24b753c6290cd/Sistemas-Silvipastoris-na-Regiao-Sudeste-A-Experiencia-da-CMM.pdf. Acesso em: 23 abr. 2022.

Diferentes formas de proteção física da árvore têm sido utilizadas, incluindo estacas com espiral de arame farpado, cercas de bambu e cerca elétrica. A proteção de mudas de algaroba com cerca farpado aumentou a sobrevivência das mudas, após nove meses do plantio, de 38% para 62%.[136] Avaliação em sistemas de proteção física das mudas [137, 138] demonstrou bons resultados para mudas altas, protegidas por uma estaca com espiral de arame farpado.

O plantio de árvores com culturas anuais e tubérculos, em ILPF, como arroz (*Oryza sativa*), soja (*Glycine max*), feijão (*Phaseolus vulgaris*), milho (*Zea mays*) e mandioca (*Manihot esculenta*)[139], até que o estabelecimento das árvores esteja garantido, quando então a pastagem é formada, é uma prática economicamente viável. Entre as alternativas com grandes possibilidades de sucesso, estão a utilização de árvores de baixa palatabilidade devido à concentração de compostos fenólicos ou que tenham espinhos/acúleos. Dados de pesquisa mostraram taxa de sobrevivência de algumas espécies (*Mimosa tenuiflora, M. artemisiana* e *Acacia holosericea*) superior a 90% após três anos de implantação.[140, 141]

Repelentes também podem ser utilizados, apesar das limitações relacionadas com a necessidade de reaplicações periódicas e do custo para utilização em áreas extensas. Por outro lado, vale a pena avaliar a eficiência de alguns dos métodos de repelência preconizados, que

[136] CARVALHO, 1998.

[137] BAGGIO, A. J.; CARPANEZZI, O. B. Resultados preliminares de um estudo sobre arborização de pastagens com mudas de espera. **Boletim de Pesquisa Florestal**, Curitiba, v. 18/19, p. 17-22, 1989. Disponível em: https://www.alice.cnptia.embrapa.br/handle/doc/282091. Acesso em: 23 abr. 2022.

[138] MONTOYA, L. J.; BAGGIO, A. J. Estudio Econômico da Introdução de Mudas Altas para Sombreamentode Pastagens. *In*: 1992, Curitiba. **Encontro Brasileiro de Economia e Planejamento Florestal**. Curitiba: [*s. n.*], 1992. p. 171. Disponível em: https://scholar.google.com.br/scholar?hl=pt-BR&as_sdt=0%2C5&q=Montoya+e+Baggio+%281992%29&btnG=. Acesso em: 23 abr. 2022.

[139] MACEDO, R. L. G.; VALE, A. B.; VENTURIN, N. **Eucalipto em sistemas agroflorestais**. Lavras: Editora da UFLA, 2010.

[140] DIAS-FILHO, 2007.

[141] FRANCO, A. A.; RESENDE, A. S. de; CAMPELLO, E. F. C. Importância das Leguminosas Arbóreas na Recuperação de Áreas Degradadas e na Sustentabilidade de Sistemas Agroflorestais. *In*: SEMINÁRIO "SISTEMAS AGROFLORESTAIS E DESENVOLVIMENTO SUSTENTÁVEL", Campo Grande, n. 21, p. 1-24, 2003. Disponível em: http://saf.cnpgc.embrapa.br/publicacoes/15.pdf. Acesso em: 23 abr. 2022.

podem ser úteis para áreas menores, como assentamentos e propriedades leiteiras. Entre os repelentes orgânicos e naturais, destacam-se
fezes bovinas, alternativa testada de forma limitada na Costa Rica.[142]

d. Introdução de árvores durante a reforma de pastagens

Quando a introdução das árvores é feita durante a renovação
das pastagens, ou em áreas ocupadas anteriormente com agricultura,
o plantio das mudas de árvores pode ser inicialmente associado com
culturas anuais, retardando-se a semeadura das forrageiras por um
ou dois anos, reduzindo assim o custo de proteção das árvores.[143]

A Companhia Mineira de Metais (CMM) tem implantado con-
sórcios de eucalipto com culturas anuais e forrageiras nos Cerrados
de MG. No ano de implantação do sistema, planta-se o eucalipto, no
espaçamento de 10 m x 4 m, e o arroz ou soja, nas suas entrelinhas.
No ano seguinte, cultiva-se soja e, aos dois anos, é feita a introdução
das gramíneas no sub-bosque do eucalipto. Do terceiro ao décimo
primeiro ano, o sistema é utilizado para a engorda de bovinos por
pastejo direto. O eucalipto é colhido aos nove anos. Estimativas de
custo-benefício mostraram que a implantação de sistemas agro-
silvipastoris na região do Cerrado mineiro foi considerada viável
economicamente, desde que pelo menos 5% da madeira do eucalipto
seja para serraria e o restante para energia.[144]

Áreas consideradas impróprias para a agricultura ou pastagens em
estádio inicial de degradação também podem ser utilizadas e recuperadas
por meio de sistemas silvipastoris. Na região amazônica, por exemplo,
a combinação de cultura de milho, paricá (*Schizolobium amazonicum*) e
Brachiaria brizantha para recuperação de pastagens degradadas foi considerada viável, sendo que a produção de milho nos três anos iniciais de
estabelecimento do sistema reduziu os custos totais em 70%.[145]

---

[142] BARRIOS, C.; BEER, J.; IBRAHIM, M. Pastoreo regulado y bostas del ganado para la protección
de plántulas de Pithecolobium saman en potreros. **Agroforestería de las Américas**, [*s. l.*], p. 3, 1999.
Disponível em: https://repositorio.catie.ac.cr/handle/11554/6640. Acesso em: 5 abr. 2022.

[143] CARVALHO, 1998.

[144] GARCIA *et al.*, 2003.

[145] MARQUES, L. C. T. **Comportamento inicial de paricá, tatajuba e eucalipto, em plantio
consorciado com milho e capim-marandu, em Paragominas, Pará.** 92 f. 1990. Tese (Magister
Scientiae) – Universidade Federal de Viçosa, Viçosa, 1990.

e. Fungos e mortalidade de bovinos

Ramaria flavo-brunnescens é um cogumelo tóxico para bovinos e ovinos. Seu princípio ativo é desconhecido. A intoxicação espontânea por *Ramaria flavo-brunnescens* foi descrita nas regiões Sul e Sudeste no Brasil (RS, SC, SP, MG), em bovinos e ovinos que pastam em locais com bosques de eucalipto (*Eucalyptus* spp.), nos meses de fevereiro a junho. Esse cogumelo é parecido com uma couve-flor, alaranjado e/ou marrom-claro, e se apresenta em colônias, coincidindo seu período vegetativo com a ocorrência de intoxicação espontânea. A intoxicação em bovinos é caracterizada clinicamente por emagrecimento progressivo, anorexia, intensa salivação, atrofia das papilas e descamação do epitélio da língua, hemorragias na câmara anterior do globo ocular e desprendimento dos cascos, chifres e dos pelos do dorso, lombo e cauda. Podem ser observadas, também, lesões de fotossensibilização.[146]

Vaca holandesa criada basicamente no sistema extensivo, em pasto formado prevalentemente por *Brachiaria decumbens*, foi clinicamente diagnosticada a suspeita de fotossensibilização hepatógena pela ingestão desse capim. A fotossensibilização fototóxica secundária ou hepatógena ocorre quando toxinas, bactérias, agentes virais, plantas contaminadas por fungos (*Pithomyces chartarum*) ou neoplasias lesionam o fígado de forma suficiente para impedir a excreção da filoeritrina.[147] Essa doença é popularmente conhecida por pecuaristas como requeima bovina.

f. Floresta como produto principal

No Brasil, sistemas silvipastoris foram inicialmente delineados para permitir melhor aproveitamento da área e controle de plantas herbáceas sob plantações comerciais de eucalipto e pinheiros. A utilização de bovinos e/ou ovinos em plantações de eucalipto, avaliada em várias pesquisas, não reduziu o crescimento/sobrevivência

---

[146] SALLIS, E. S. V.; RAFFI, M. B.; RIET-CORREA, F. Experimental poisoning in sheep with frozen or dried Ramaria flavo-brunnescens. **Pesquisa Veterinria Brasileira**, [*s. l.*], v. 24, n. 2, p. 107-110, 2004. Disponível em: https://doi.org/10.1590/s0100-736x2004000200010. Acesso em: 23 abr. 2022.

[147] BORGES, L. H. A. *et al.* Fotossensibilização secundária pela ingestão de brachiaria em bovino. **Revista Científica Eletrônica De Medicina Veterinária**, Garça, n. 5, 2005.

das árvores e reduziu o risco de incêndio, necessidade de capinas e o custo de manutenção das árvores está em 52-93%. As vendas de bovinos provêm também ganhos adicionais em tempo gado representa uma nova fonte de renda, considerando que uma floresta traria retornos geralmente apenas um período de seis a sete anos, dependendo da espécie.

Na Região Sul do Brasil, sistemas silvipastoris são utilizados por companhias madeireiras usando espécies de pinheiros, eucalipto, erva-mate e bracatinga como componentes arbóreos.[148]

Uma análise em relação aos sistemas silvipastoris eventuais, avaliados em várias pesquisas, indica mostraram que a integração de animais aos reflorestamentos de *Eucalyptus* sp. reduz substancialmente os custos de manutenção da floresta, sem prejudicar o crescimento e a sobrevivência das árvores, desde que se observe a altura mínima de 2 m das árvores no momento da introdução dos animais no sistema, o que ocorre no eucalipto com cerca de um ano de idade. Em sistemas silvipastoris constituídos por eucaliptos e gramíneas forrageiras tropicais, implantados nas regiões dos Cerrados de MG, ocorre queda acentuada na produtividade do sub-bosque alguns anos após o seu estabelecimento. As principais causas dessa redução na produtividade da forrageira são o aumento do nível de sombreamento, devido ao crescimento das árvores de eucalipto, e, também, a redução da disponibilidade de nitrogênio no solo, induzida, provavelmente, pela baixa qualidade da liteira produzida pelo eucalipto. A utilização de leguminosas arbóreas parece ser uma excelente opção para manter um balanço positivo de nitrogênio em sistemas silvipastoris com eucalipto, já que seriam mais fáceis de serem mantidas no sistema do que as leguminosas herbáceas.[149]

---

[148] GARCIA, R.; COUTO, L. Silvopastoral systems: emergent technology of sustainability. *In*: INTERNATIONAL SYMPOSIUM ON ANIMAL PRODUCTION UNDER GRAZING, 1997, Viçosa. Viçosa: [s. n.], 1997. p. 281-302.

[149] GARCIA *et al.*, 2003.

Atualmente, com dados divulgados pela Embrapa, mediante pesquisa da Rede de Fomento ILPF e Kleffmann Group, a área com ILPF está em torno de 11 milhões de hectares, sendo 6 milhões somente a partir de 2010 a 2015.[150]

---

[150] RAMOS, E. N. Plano Setorial de Mitigação e de Adaptação às Mudanças Climáticas para a Consolidação de uma Economia de Baixa Emissão de Carbono na Agricultura - Plano ABC. *In*: SILVA, L. D.; RIOYEI, A.; VICTORIA, D. de C. (org.). **Sistema de informações para planejamento florestal no Cerrado brasileiro.** v. 1. Piracicaba: Universidade de São Paulo. Escola Superior de Agricultura "Luiz de Queiroz", 2019. p. 7–18. Disponível em: https://doi.org/10.11606/9788586481703. Acesso em: 7 abr. 2022.

5

MELHORIA DAS CONDIÇÕES AMBIENTAIS EM PASTAGEM COM A INTRODUÇÃO DE ESPÉCIE ARBÓREA

5.1 LEGUMINOSAS LENHOSAS NA RECUPERAÇÃO DE PASTAGENS

A grande competitividade das leguminosas é atribuída, em grande parte, à sua capacidade de se associar simbioticamente às bactérias fixadoras de nitrogênio. Essa associação pode incorporar mais de 500 kg ha^{-1} ano^{-1} de N ao sistema solo-planta, que, juntamente com o fósforo, são os nutrientes que mais limitam o estabelecimento e o desenvolvimento das pastagens. Assim, quando essa estratégia de obtenção de nitrogênio ocorre junto com a associação dessas plantas com fungos micorrizos, que são capazes de aumentar a área de absorção de nutrientes pelas plantas (aumentando assim o aporte de fósforo), obtém-se uma eficiente estratégia para melhorar e manter a produtividade.[151]

As leguminosas fixadoras de nitrogênio fornecem serapilheira além de melhorar a fertilidade do solo, reduz a erosão, previne a infestação de ervas daninhas e serve de substrato para melhorar a estruturação e as propriedades biológicas do solo.[152]

A quantidade de N fixado pelas espécies arbóreas varia em função das espécies e das relações bióticas e abióticas envolvidas no processo de fixação biológica do nitrogênio.[153] Uma plantação de angico-vermelho na Zona da Mata mineira, plantado em espaçamento

---

[151] FRANCO; RESENDE; CAMPELLO, 2003.

[152] *Id.*

[153] *Id.*

7 m x 7 m (204 árv. ha⁻¹), depositou 4.224 kg de biomassa ha⁻¹ de matéria seca, entre outubro/93 e abril/94 (seis meses), com concentração de nitrogênio variando de 2,12% a 2,26%. Isso corresponderia a um aporte de 89,5 a 95,5 kg de N ha⁻¹. Genericamente, recomenda-se para adubação de manutenção de pastagens de gramíneas, de 50 a 100 kg de N ha⁻¹. A *Sebania* sp. chegou a fixar 286 kg ha⁻¹ em 56 dias, podendo suprir assim a necessidade nitrogenada de qualquer cultura agrícola.[154] Em sistema de integração lavoura-pecuária-floresta (ILPF) as principais leguminosas utilizadas como adubo verde são: guandu (*Cajanus cajan*), calopogônio (*Calopogonium muconoides*), kudzu-tropical (*Pueraria phaseoloides*), crotalária (*Crotalaria juncea*) e mucuna-anã (*Styzolobium deeringianum*), o que é fundamental na recuperação de pastagens.[155]

5.2 ESTRESSE TÉRMICO

Existe uma faixa de temperatura na qual o gado não precisa gastar muita energia para manter a temperatura corporal, que é a chamada zona de conforto. Acima da zona de conforto, há vasodilatação, suor e aumento dos movimentos respiratórios.

O gado usa de várias estratégias no ambiente quente: comportamentais (procura de sombra, orientação em relação ao sol, aumentando a ingestão de água); aumenta a transferência de calor para a superfície do corpo, aumenta a temperatura da pele para aumentar a perda de calor por convecção e radiação, aumenta a taxa de transpiração para perder calor no suor, aumenta o volume respiratório para aumentar a perda de calor evaporativo na transpiração. Com o tempo, cai também a taxa metabólica. Se esses mecanismos não conseguirem evitar a elevação da temperatura corporal, o animal pode até morrer.[156]

---

[154] *Id.*

[155] MACEDO; VALE; VENTURIN, 2010.

[156] BLACKSHAW, J. K.; BLACKSHAW, A. W. Heat stress in cattle and the effect of shade on production and behaviour: a review. **Australian Journal of Experimental Agriculture**, [*s. l.*], v. 34, n. 2, p. 285-295, 1994.

Para cada aumento de 10°C no ambiente, o ritmo respiratório do bovino dobra, chegando a 200 movimentos/min (normal = 23). A zona de conforto para bovinos indianos situa-se entre 10-15 e 26°C; já para bovinos europeus, está entre 15-20°C. Dessa maneira, nas pastagens do Brasil Central os bovinos estão sob estresse térmico calórico, variando de graus medianos a severo para os animais sem proteção, durante boa parte do ano.

Os bovinos são muito sensíveis ao calor. A temperatura, umidade, quantidade de luz solar direta e velocidade dos ventos estão entre os principais fatores que afetam a temperatura corporal. A perda de calor por meio da troca com o ambiente, que ocorre pela evaporação de umidade na respiração e no suor, é o meio mais importante de resfriamento de bovinos sujeitos a altas temperaturas. Bovinos de origem indiana têm mais glândulas sudoríparas e maior área de superfície que bovinos europeus, o que facilita a dissipação do calor.

Como a taxa metabólica dos bovinos europeus é de 15% a 20% maior, esse conjunto de fatores os torna menos tolerantes ao calor.[157]

O alto consumo de alimento aumenta a taxa metabólica e a ingestão de água, exigindo mais esforços no termorregulação. A redução da ingestão de alimento é uma resposta imediata ao estresse térmico calórico.[158] Há relatos de redução de consumo, em confinamentos da ordem, de 10% a 35% em temperaturas acima de 35°C.

O consumo de matéria seca está ligado diretamente com a produtividade. Estima-se que cada quilograma de matéria seca consumido represente de 2,0 a 2,5 kg de leite. No caso de vacas leiteiras, especialmente as de origem europeia, o consumo de alimento pode cair de 15% a 20% nos períodos de estresse calórico intenso. Dessa maneira, se a temperatura permanecer acima de 30°C por mais de seis horas, a produção de leite pode se reduzir em 4 kg dia^{-1} para uma vaca que produza 27 kg de leite dia^{-1}, representando enormes prejuízos para o produtor (vacas produzem mais e melhor em ambientes adequados).

---

[157] *Id.*

[158] *Id.*

5.3 QUANTIDADE DE SOMBRA

A sombra, abrigo proporcionado pelas árvores, afeta a produtividade, pela proteção às plantas e aos animais, por alterações do microclima, pela competição e pela redução das perdas de solo.[159]

Durante épocas de estresse térmico, é importante disponibilizar água à vontade e sombra para os animais, procurando também concentrar o manejo do gado nas horas frescas da manhã.

Ainda assim, o acesso à água é menos efetivo que o uso da sombra na redução da carga de calor nos bovinos.[160] As árvores provêm o melhor tipo de sombra, combinando proteção de luz solar e resfriamento pela umidade que evapora das folhas[161], e ao mesmo tempo podem beneficiar o crescimento e a qualidade das pastagens. Em condições tropicais, a temperatura sob a copa das árvores é cerca de 2 a 3°C menor que sob céu aberto, havendo registro de reduções de até 9°C.

A sombra, pela interceptação da luz solar, pode reduzir a carga de exposição à radiação em pelo menos 30%.[162]

O espaçamento recomendado entre as árvores é variável, e depende da arquitetura das espécies arbóreas, do modo de distribuição das árvores, da fertilidade do solo, entre outros fatores. Alguns estudos em parcelas indicaram que o crescimento máximo de gramíneas temperadas e tropicais, tolerantes ao sombreamento, foi obtido com 40% a 70% de transmissão de luz. Dessa forma, concluiu-se que em sistemas silvipastoris a densidade de árvores não deve ultrapassar 40% a 50% de cobertura arbórea na área de pastagem, sendo selecionadas as espécies de árvores de arquitetura adequada.[163]

O sombreamento beneficia também vacas leiteiras em confinamento as árvores sombreiam os telhados das instalações, interceptando a radiação solar e assim reduzindo a temperatura interna e melhorando a evapotranspiração. Algumas das espécies recomenda-

---

[159] ABEL *et al.*, 1997.
[160] BLACKSHAW; BLACKSHAW, 1994.
[161] *Id.*
[162] *Ibid.*
[163] CARVALHO *et al.*, 2002.

das para plantio entre os galpões são sansão do campo (*Mimosa caesalpineafolia*), grevíleas (*Grevilea robusta*) e uva japonesa (*Hovenia dulcis*), de folhas estreitas que não caem no verão e de crescimento rápido.

Em termos da quantidade de sombra que deve ser disponibilizada para os bovinos, existem recomendações de 4 a 15 m² animal^{-1} para clima temperado, variando com a categoria animal.[164]

5.4 MUDANÇAS NO MICROCLIMA E USO DA ÁGUA

O histórico climático da região de abrangência do Bioma Cerrado no planejamento das prospecções de campo do Projeto SiFlor Cerrado teve como princípio amostrar locais com características climáticas distintas, baseadas na série temporal de 1970-2000.[165] Apresentando menor índice de chuvas, tanto em sua média anual como no trimestre mais seco. Houve um aumento das temperaturas máximas anuais e uma menor variação das temperaturas mínimas anuais, em determinadas regiões. Além disso, as regiões com maiores variações de temperatura mínima anual coincidiram com algumas das regiões com maiores variações de temperatura observadas no trimestre mais seco do ano.[166] Observa-se que na região de Cerrado há um crescente aumento de temperatura e diminuição de chuvas.

Assim, em áreas sujeitas à seca, as árvores provêm proteção para as culturas também por meio da redução da evaporação do solo no início da estação de chuva, deixando mais água disponível para crescimento das plantas no final da estação, prolongando assim o período de crescimento. O microclima perto das árvores é também modificado pela proteção da luz do sol direta, durante o dia, e pela proteção das perdas de radiação durante a noite, levando a menores oscilações da temperatura do ar.[167]

---

[164] BLACKSHAW; BLACKSHAW, 1994.

[165] SILVA, L. D. *et al.* O clima no Bioma Cerrado. *In*: SILVA, L. D. *et al.* (org.). **Sistema de informações para planejamento florestal no cerrado brasileiro.** v. 2. Piracicaba: Universidade de São Paulo. Escola Superior de Agricultura "Luiz de Queiroz", 2021a. p. 12–28. Disponível em: https://doi.org/10.11606/9786587391076. Acesso em: 4 maio 2022.

[166] *Id.*

[167] ABEL *et al.*, 1997.

As árvores competem com as plantas vizinhas, sejam pastagens ou culturas, por luz, água e por nutrientes. Os efeitos da competição podem se estender por uma distância de muitas vezes a altura da árvore.

O sombreamento, que é uma competição por luz, é benéfico se suficiente de luz para seu crescimento e água é limitada, pela redução das perdas evaporativas no sistema.[168]

O fator mais importante afetando a sobrevivência e crescimento inicial da árvore é a competição. Nos sistemas silvipastoris, para que o desenvolvimento inicial das mudas de árvores se dê de maneira satisfatória, é aconselhável que o estresse causado pela competição com a forragem seja minimizado, especialmente no primeiro ano de estabelecimento das árvores.

5.5 RESPOSTA DA FORRAGEIRA À SOMBRA

Além da seleção e utilização de espécies forrageiras tolerantes ao sombreamento, é possível manipular o nível de iluminação do sistema silvipastoril por meio da escolha das espécies, densidade e pela disposição das árvores em relação ao sol e ao relevo, bem como a partir de técnicas silviculturais de manejo de copas das árvores. Onde não há problemas de ventos fortes, as linhas de árvores devem ser dispostas no sentido Leste-Oeste para melhor aproveitamento da radiação solar. Em regiões com ventos fortes, deve-se fazer o plantio em ângulo de 45 a 90 graus em relação à direção predominante dos ventos ou providenciar quebra-ventos.

As árvores constituem uma barreira, impedindo a formação de geadas. Essa proteção resulta, em termos práticos, em pastagens verdes, sob árvores durante o inverno.[169, 170] Nas condições do noroeste paranaense, foram registradas temperaturas do ar mais elevadas

---

[168] *Id.*

[169] PORFÍRIO-DA-SILVA, V. Sistema silvipastoril (Grevilea+ pastagem): uma proposição para o aumento da produção no arenito Caiuá. *In*: CONGRESSO BRASILEIRO SOBRE SISTEMAS AGROFLORESTAIS, 1994, Colombo. Colombo: Embrapa Florestas, 1994. p. 291-297.

[170] PORFIRIO-DA-SILVA *et al.*, 1998.

em até 2°C na posição sob as copas de renques arbóreos em noites de inverno, e os valores de temperatura do ar atingiram até 8°C de diferença entre as posições sombreadas e ensolaradas. O pasto pode ter seu crescimento comprometido pelo vento devido a danos físicos causados pela agitação mecânica. Tais movimentos podem produzir fraturas permanentes, dessecação, clorose e necrose da ponta das folhas (queima pelo vento).[171] Em uma comparação entre pastagem não arborizada e um sistema silvipastoril com árvores dispostas em renques curvilíneos, a velocidade média dos ventos no sistema silvipastoril foram menores em 26% e 61%, para um dia de inverno e um dia de verão, respectivamente, aproximando-se dos valores que outros autores consideram convenientes para a maioria das culturas e para a criação de ruminantes.

Algumas das gramíneas mais usadas para a formação de pastagens no Brasil, como *Brachiaria decumbens*, *B. brizantha* e cultivares de *Panicum maximum* são tolerantes ao sombreamento.[172]

Sob sombra moderada, o crescimento de gramíneas tolerantes pode ser maior que a pleno sol. Acredita-se que a umidade mais elevada associada a temperaturas mais amena favoreçam a mineralização do nitrogênio, aumentando sua disponibilidade no solo e contribuindo para um melhor desempenho das pastagens.

Enquanto a redução da luminosidade é mais crítica para plantas jovens, a capacidade de regeneração da folha e máxima interceptação da radiação são os fatores mais críticos para a produção e persistência das forrageiras. O efeito da sombra sobre as características morfológicas e produção de matéria seca das espécies forrageiras tropicais foi bastante estudado, mas relativamente pouca coisa existe a respeito dos efeitos sobre o valor nutricional, e os resultados são às vezes conflitantes.[173]

O microclima modificado entre as árvores pode reduzir a velocidade dos ventos, a radiação solar, criar um regime de temperatura ameno, maior umidade, menores taxas de evapotranspiração

---

[171] *Id.*

[172] PORFÍRIO DA SILVA, 2001.

[173] GARCIA; COUTO, 1997.

e maiores níveis de umidade no solo comparado com a pastagem sob céu aberto. Fatores ambientais assim modificados têm um efeito significativo sobre a qualidade da forragem, já que digestibilidade da matéria seca e conteúdo de nutrientes são determinados pela morfologia, anatomia e composição química da forrageira. Sob sombra, a proporção de mesofilo, mais facilmente digestível, é maior em relação à epiderme, menos digestível. As gramíneas produzidas em ambientes sombreados mostram geralmente maior teor de proteicutículas mais finas, lâminas mais largas, elongação estimulada e desenvolvimento vascular diminuído. Entretanto, à medida que o nível de sombra aumenta, a concentração de carboidratos solúveis na planta diminui e pode haver um declínio concomitante de conteúdo de parede celular. Existem informações contraditórias, com relatos de queda no teor de polissacarídeos de parede celular e teor de fibra bruta e maior digestibilidade em plantas sombreadas, em relação às produzidas ao sol. Dados de pesquisa mostraram que a produção, conteúdo de fibras e de proteína da forrageira podem ser mantidos sob sombra, desde que selecionadas as espécies adequadas.[174]

Muitos estudos encontraram um efeito positivo do sombreamento sobre a concentração de minerais na planta, que foi relacionada à sua menor taxa de crescimento.[175] O componente arbóreo pode também propiciar maior aporte de minerais pela maior reciclagem de nutrientes.

5.6 BANCOS DE PROTEÍNA

Bancos forrageiros são plantios homogêneos, plantados em altas densidades, com espécies de alto valor forrageiro, com alta produção de biomassa, proteína bruta total e proteína bruta digestível. Além de outros produtos de uso na propriedade, pode-se permitir pastejo direto ou a forragem destina-se ao corte.[176] Dentre as espé-

---

[174] LIN, C. H. *et al.* Nutritive quality and morphological development under partial shade of some forage species with agroforestry potential. **Agroforestry Systems**, [*s. l.*], v. 53, n. 3, p. 269-281, 2001. Disponível em: https://doi.org/10.1023/A:1013323409839. Acesso em: 17 abr. 2011.

[175] GARCIA; COUTO, 1997.

[176] MEDRADO, 2000.

cies usadas, pode-se mencionar a leucena (*Leucaena leucocephala*), gliricidia (*Gliricidia sepium*) e cratília (*Cratylia argentea*).[177] Para corte pode-se usar aproximadamente 5.000 a 10.000 plantas ha^{-1} e para pastejo direto deve-se usar uma densidade de aproximadamente 2.500 a 5.000 plantas ha^{-1}.[178]

Árvores e arbustos forrageiros representam uma enorme fonte potencial de proteína para os ruminantes nos trópicos. Dentre todos os nutrientes, a deficiência de nitrogênio é a mais frequente, principalmente em pastagens tropicais durante a seca.[179] Nessa época do ano, o teor de proteína bruta nas gramíneas cai abaixo de 7% na matéria seca, prejudicando a degradação da fibra pelos microrganismos do rúmen e reduzindo assim o consumo de matéria seca.

Árvores e arbustos forrageiros como *Calliandra*, *Erythrina*, *Leucaena* e *Cajanus cajan* mostraram teores de proteína bruta bastantes elevados, da ordem de 22,2 a 25,8%. Outras plantas lenhosas utilizadas — como *Ficus*, *Acacia*, *Gliricidia*, *Prosopise* e *Acrocarpos heterophyllus* — têm valores médios de proteína entre 14% e 15,1%. O uso desse material forrageiro pode auxiliar no balanceamento da dieta, permitindo um melhor desempenho animal.

A escolha das espécies para o banco de proteínas levará em conta, em primeiro lugar, a disponibilidade de sementes, bem como facilidade de estabelecimento, boa capacidade de competição, produtividade e persistência, em sistemas de baixa alocação de insumos. Além disso, devem-se selecionar plantas de bom valor nutricional e palatabilidade aceitável.[180]

---

[177] HOLGUIN, V.; IBRAHIM, M. **Bancos Forrajes Proyectos Enfoques Silvopastoriles integrados para el Manejo de Ecosistemas**. Costa Rica, p. 26, 2004.

[178] MEDRADO, 2000.

[179] CAMERO, A.; FRANCO, M. Improving rumen fermentation and milk production with legume-tree fodder in the tropics. **Agroforestry Systems**, [*s. l.*], v. 51, n. 2, p. 157-166, 2001. Disponível em: https://doi.org/10.1023/A:1010607421562. Acesso em: 25 abr. 2022.

[180] DEVENDRA, C. Nutritional potential of fodder trees and shrubs as protein sources in ruminant nutrition. *In*: SPEEDY, A.; PUGLIESE, P. L. (org.). **Legume trees and other fodder trees as protein sources for livestock**. Kuala Lumpur: FAO Rome, 1992. p. 95-113.

6

PERCURSOS DA PESQUISA DO SISTEMA SILVIPASTORIL

As populações de *Myracrodruon urundeuva*, que deram origem à "População-Base", são provenientes de áreas antropizadas provenientes de duas regiões Selvíria – MS e Bauru – SP. As sementes da população de Selvíria – MS (20°19'S e 51° 26'W, altitude média de 372 m), foram colhidas em árvores remanescentes presentes em pastagens, que tinha como base de sua economia a pecuária. As sementes que constituem a população de Bauru – SP (22°18'S e 49°03'W, altitude: 526 m) foram colhidas de árvores isoladas às margens da Rodovia Marechal Rondon, centro do estado de São Paulo. A distância entre as populações é de aproximadamente 400 km (Figura 1).

Figura 1 – Mapa de localização das regiões de Selvíria – MS e Bauru – SP

Fonte: o autor

6.1 DESENVOLVIMENTO SILVICULTURAL DE
Myracrodruon urundeuva

Os caracteres silviculturais avaliados, aos 25 anos após o plantio, foram: *i)* Altura total (ALT), em metros, utilizando-se de um medidor de altura do tipo Forestor Vertex[181]; *ii)* Diâmetro a 30 centímetros do solo (D30); *iii)* Diâmetro a altura do peito (DAP); *iv)* Forma do tronco (FOR), utilizando-se uma escala de notas (Figura 2), variando de 1 a 5, tanto para bifurcação (B) como para retidão (R), sendo que a nota final foi dada, utilizando-se da expressão: FT = (B+R)/2; e *v)* Sobrevivência (SOB), atribuindo-se o valor 1 quando a planta estava viva e 0 quando morta.

Figura 2 – Escala de notas para forma do tronco (FOR) de 2,20 metros

Bifurcação
1 – Bifurcação abaixo de 1,30 m com diâmetro igual ao fuste principal.
2 – Bifurcação acima de 1,30 m com diâmetro igual ao fuste principal.
3 – Bifurcação abaixo de 1,30 m com diâmetro inferior ao fuste principal.
4 – Bifurcação acima de 1,30 m com diâmetro inferior ao fuste principal.
5 – Sem bifurcação.

---

[181] CAMPOS, J. C. C.; LEITE, H. G. **Mensura florestal**: perguntas e respostas. Viçosa: Universidade Federal de Viçosa, 2006.

Retidão
1 – Tortuosidade acentuada em toda a extensão.
2 – Tortuosidade acentuada abaixo de 1,30 m.
3 – Tortuosidade acentuada acima de 1,30 m.
4 – Leve tortuosidade em toda a extensão.
5 – Sem tortuosidade.
Fonte: Guerra (2008)[182]

A partir da coleta dessas informações, foram estimados os seguintes parâmetros (1 a 6): média ($\hat{m}$), variância ($\hat{S}^2$), desvio padrão ($\hat{s}$), coeficiente de variação (CV), assimetria ($\hat{A}_3$) e curtose ($\hat{A}_4$) para cada um dos caracteres avaliados, em que:

$$\hat{m} = \frac{\sum x_i}{n} \quad (1)$$

$$\hat{S}^2 = \frac{\sum (x_i - \hat{m})^2}{(n-1)} \quad (2)$$

$$\hat{s} = \sqrt{\hat{S}^2} \quad (3)$$

---

[182] GUERRA, C. R. S. B. **Conservação genética** *ex situ* **de populações naturais de *Myracrodruon urundeuva* Fr. All. em sistema silvipastoril**. 108 f. 2008. Tese (Doutorado em Agronomia) – Universidade Estadual Paulista, Ilha Solteira, 2008.

$$CV = \frac{100.\hat{s}}{\hat{m}} \tag{4}$$

$$\hat{A}_3 = \frac{\sum(x_i - \hat{m})^3}{n.\hat{s}^3} \tag{5}$$

$$\hat{A}_4 = \frac{\sum(x_i - \hat{m})^4}{n.\hat{s}^4} \tag{6}$$

Essas estimativas foram descritas por vários autores[183, 184, 185, 186] e obtidas utilizando o programa SELEGEN.[187]

A distribuição dos caracteres avaliados em classes de frequências teve por base o IC (intervalo de classe), NC (número de classe) e λ (amplitude de variação), utilizando-se as seguintes expressões (7 a 9), com $f = 0,5$:

$$IC = \frac{\lambda}{NC} \tag{7}$$

$$NC = f.\hat{s} \therefore NC = 0,5.\hat{s} \tag{8}$$

---

[183] BERQUÓ, E. S. S.; SOUZA, J. M. P. M. P. de; GOTLIEB, S. L. D. L. D. **Bioestatística**. São Paulo: Editora Pedagógica e Universitária Ltda., 1981.

[184] BEIGUELMAN, B. **Curso prático de bioestatística**. Ribeirão Preto: Sociedade Brasileira de Genética, 1991.

[185] SILVA ANDRIOTTI, J. L. **Fundamentos de Estatística e Geoestatística**. [*S. l.*]: Editora Unisinos, 2013.

[186] RESENDE, M. D. V. de. *Software* **SELEGEN-REML/BLUP**: sistema estatístico e seleção genética computadorizada via modelos lineares mistos. Colombo: Embrapa Florestas, 2007.

[187] *Id.*

$$\lambda = N - n \tag{9}$$

em que: N: maior valor e n: menor valor encontrado para o caráter em estudo. Para a confecção dos gráficos de distribuição de classes, foi utilizada a planilha Excel.

6.2 INSTALAÇÃO DA "POPULAÇÃO-BASE"

A partir de progênies obtidas em 28 árvores matrizes, mas populações de *M. urundeuva* de Bauru – SP e Selvíria – MS foi instalada uma "População-Base" em dezembro de 1987 na Fazenda de Ensino, Pesquisa e Extensão, da Faculdade de Engenharia de Ilha Solteira/Unesp. A instalação dessa "População-Base" consistiu no consórcio de mudas de *M. urundeuva* com *Trema micrantha*. Esse sistema foi naturalmente convertido em sistema silvipastoril com a emergência de capim *Brachiaria*, cujas sementes estavam presentes na área como banco de sementes.

As progênies de cada população foram repetidas pelo menos três vezes e instaladas em parcelas lineares de 10 plantas, de forma sequencial, no sentido do caminhamento. Ao todo, na população--base foram instaladas 1.651 plantas, no espaçamento de 3,0 x 3,0 metros (Figura 3). Em fevereiro de 1992, foram introduzidas, nas entrelinhas, plantas de *Trema micrantha*, espécie tida como pioneira[188], proporcionando a *M. urundeuva* um sombreamento e uma melhor forma do fuste.

---

[188] KAGEYAMA, P. Y.; BIELLA, L. C.; PALERMO JR, A. Plantações mistas com espécies nativas com fins de proteção a reservatórios. *In*: CONGRESSO FLORESTAL BRASILEIRO, 1990, São Paulo. São Paulo: Sociedade Brasileira de Engenheiros Florestais, 1990. p. 109-118.

Figura 3 – Área de instalação da população-base de *Myracrodruon urundeuva* no ano de 2006

Fonte: Google Earth Pro (2022)

O relevo do local é moderadamente ondulado. O tipo climático segundo Köeppen é AW, caracterizado como tropical úmido com estação chuvosa no verão e seca no inverno, temperatura média anual de 24,5°C, precipitação média anual de 1.350 mm e umidade relativa anual de 64,8%, sendo nos meses mais chuvosos entre 60 e 80%.[189] A vegetação original encontrada na área em estudo era do tipo Cerrado. O solo, reclassificado segundo o Sistema Brasileiro de Classificação de Solos[190], é um LATOSSOLO VERMELHO distrófico tipo argiloso, moderado, distrófico, álico, caulínitico, férrico, compactado, muito profundo, moderadamente ácido (LVD).

6.3 DESENVOLVIMENTO DO CAPIM *Brachiaria*

A presença de capim *Brachiaria*, de forma espontânea, na serapilheira da "População-Base" de *M. urundeuva*, permitiu a caracterização do local como um sistema silvipastoril. Essa lâmina de

---

[189] HERNANDEZ, F. B. T.; LEMOS FILHO, M. A. F.; BUZETTI, S. **Software HIDRISA e o balanço hídrico de Ilha Solteira**Série irrigação. Ilha Solteira: [s. n.], 1995.
[190] SANTOS, H. G. *et al*. **Sistema Brasileiro de Classificação de Solos**. 5. ed. Brasília: Embrapa, 2018.

gramínea de capim *Brachiaria* instalou-se naturalmente no local sem que houvesse, até o presente momento, nenhum tipo de trato cultural na condução da gramínea.

6.4 CARACTERIZAÇÃO DOS SISTEMAS SILVIPASTORIS

A população-base instalada em 1987, na Fazenda Experimental de Unesp de Ilha Solteira, em Selvíria – MS, caracterizou o Sistema 1. A partir deste, projetou-se a análise do Sistema 2. Este último caracterizou o Sistema 2, que representa uma simulação feita considerando-se a hipótese de plantio do capim *Brachiaria* juntamente com os componentes arbóreos (*M. urundeuva* e *T. micrantha*) e realizando-se projeções de crescimento do volume por indivíduo e população floresta, e da produção madeireira a partir dos mesmos caracteres silviculturais avaliados aos 25 anos do sistema 1.

O volume dos indivíduos arbóreos projetado para 500 anos de vida útil da espécie florestal (*M. urundeuva*) utilizando-se, a partir dos caracteres DAP e H avaliados aos 25 anos, e utilizando estimativas da taxa de crescimento para *M. urundeuva*.

Para o cálculo do volume da madeira, utilizaram-se os caracteres DAP e altura total. Devido ao fuste da *M. urundeuva* ser considerado pequeno (2,20 m), considerou-se o fator forma de 0,5, que é utilizado em cubagem rigorosa em povoamento de eucaliptos, para não se subestimar o volume de madeira[191] (10):

$$V = \frac{\pi}{4} \cdot DAP^2 \cdot H \cdot 0,5 \tag{10}$$

Os coeficientes técnicos de produção utilizados na elaboração da planilha de cálculo dos custos do componente arbóreo de ambos os sistemas de produção foram provenientes da instalação de experimento de população-base de *M. urundeuva* em 1987 e avaliação de caracteres silviculturais realizada 25 anos após o plantio.

---

[191] HUSCH, B.; BEERS, T. W.; KERSHAW, J. J. A. **Forest Mensuration**. 4. ed. New Jersey: John Wiley & Sons, 2002.

A partir dos coeficientes técnicos de operações e insumos registrados no plantio experimental, e dos caracteres silviculturais avaliados quase 25 anos após a instalação do experimento, foram realizadas medições de altura, diâmetro altura do peito, diâmetro a 30 cm de altura, forma do fuste, sobrevivência e biomassa da gramínea que se instalou naturalmente, caracterizando a conversão do sistema em sistema silvipastoril. Amostras para análise da gramínea foram coletadas no início do verão e início de inverno do ano 2011. Esse conjunto de caracteres representam o primeiro sistema avaliado, denominado sistema 1, e definido de forma pormenorizada adiante.

Avaliou-se o custo de implantação, para 1 ha de dois sistemas de produção silvipastoris, a partir do campo experimental cujas características foram mencionadas.

No primeiro cenário, que representa a condição local do experimento, partiu-se de uma população de 1.111 indivíduos de *M. urundeuva*, a partir da qual se supõe um desbaste aos 25 anos, de 33.3% reduzindo-a para 742 indivíduos /ha. E para essa população supôs-se uma taxa de crescimento lento (0,017% ao ano por indivíduo) usando estimativa indicada.[192]

Para um segundo sistema (500 plantas), adotou-se a taxa de crescimento acelerado (0,024 ao ano).[193]

Sistema 1: Operações realizadas na instalação e manutenção de um sistema silvipastoril.

Ano 1: Inicialmente efetuou-se combate à formiga dois meses antes do início do plantio, destinando-se um total de 6 kg ha^{-1} de formicida granulado para o primeiro combate. Na sequência, foram realizadas a aração, a gradagem pesada, a gradagem leve e a sulcação. Não foram efetuadas operações para correção do solo nem adubação do plantio, pois o experimento em análise refere-se a

---

[192] ROBERTO SCOLFORO, J. *et al.* Trajetórias de crescimento de espécies na floresta estacional decidual. *In*: MELLO, J. M.; SCOLFORO, J. R.; CARVALHO, L. M. T. (org.). **Inventário Florestal de Minas Gerais**: Floresta Estacional Decidual –Florística, Estrutura, Similaridade, Distribuição Diamétrica e de Altura, Volumetria, Tendências de Crescimento e Manejo Florestal. Florestal. Lavras: Editora UFLA, 2008. p. 213-224. *E-book*.

[193] *Id.*

uma população-base (banco de germoplasma) convertido em um sistema silvipastoril. Essa conversão decorreu de emergência natural da gramínea (*Urochloa decumbens*) dada a existência de um banco de sementes dessa gramínea no solo. Para o plantio da aroeira e da candiúba, adotou-se o espaçamento de 3 x 3 m (1.111 árvores por hectare), para compor o consórcio. Esse consórcio permanece presente apenas nos quatro primeiros anos, período em que a espécie candiúba (*Trema micrantha*) cumpre o papel de espécie tutora e, em função da competição, morre naturalmente.

Anos 2 e 3: Nestes, as únicas práticas necessárias foram o combate à formiga na dosagem de 2 kg ha^{-1} de formicida granulado e foi feita a aplicação de herbicida glifosato na linha em uma dose de 5 litros ha^{-1}.

Ano 4: A espécie pioneira *Trema micrantha* tem seu ciclo vegetativo encerrado, pois ela em alta densidade tem duração de aproximadamente quatro anos. Como nos anos 2 e 3, também houve manutenção com a mesma dose de herbicida glifosato e isca formicida para combate à formiga.

Ano 5: O fim do ciclo vegetativo da pioneira possibilitou a abertura do dossel, facilitando a entrada de luz. Devido ao banco de sementes existente no solo, a gramínea instalou-se naturalmente. Dessa forma, o componente arbóreo (aroeira) foi convertido em um sistema silvipastoril até a presente data.

Ano 25: Realiza-se desbaste de 33,3% dos indivíduos de *M. urundeuva*. No sistema de produção preconizado, assume-se a existência de um manejo aos 25 anos, representado por um desbaste de 33,3% do número de plantas (caindo para 741 indivíduos). Essa prática proporciona redução de competição entre os indivíduos do sistema e maior incremento de crescimento do diâmetro das árvores.

Sistema 2: Caracterização e operações realizadas.

Neste supõe-se que a *M. urundeuva* seja também consorciada com a espécie tutora *T. micrantha* na proporção de 4:1, ou seja, quatro *T. micrantha* a cada uma *M. urundeuva*.[194] Essas espécies arbóreas são

---

[194] MORAES; MORI; RODRIQUES, 2006.

intercaladas com a gramínea forrageira capim *Brachiaria*. A instalação do sistema foi simultânea, compreendendo o plantio no mesmo período das espécies arbóreas intercaladas com a forragem. Não houve a entrada de gado para pastoreio, até que o sistema arbóreo se estabelecesse, pois a aroeira também pode ser utilizada como forrageira quando jovem; em sistema silvipastoril, necessita atingir porte compatível com a presença do gado (integração pecuária-floresta). Assim, considerou-se o sistema apto para pastoreio a partir do oitavo ano.

As árvores foram plantadas em faixas espaçadas de 3,3 m x 3,0 m + 10 m uma da outra, resultando em cerca de 500 árvores "madeireiras" *M. urundeuva* mais 200 árvores tutoras intercaladas na linha (*T. micrantha*). A espécie tutora foi utilizada com o objetivo de melhorar a forma das árvores nativas madeireiras e disponibilizar mais recursos para a fauna. No contexto componente arbóreo, passaria a ocupar 0,3 ha e a pastagem ocupa 0,7 ha.

6.5 PRODUTOS E RECEITAS MONETÁRIAS

Sistema 1: As duas fontes de geração de receitas são provenientes de aluguel de pastagem (a partir do oitavo ano); produto madeireiro do desbaste da população arbórea (aos 25 anos) entra como receita da madeira comercializada para produção de energia e comercialização de madeira final aos 50 anos.

Sistema 2: As receitas monetárias provenientes deste sistema 2 foram supostas como decorrentes de: a) produção e comercialização de feno nos oito primeiros anos (no período não haveria pastejo animal); b) comercialização de sementes de capim *Brachiaria* nos oito primeiros anos; c) aluguel de pasto a partir do nono ano perdurando por toda a vida útil; e d) comercialização da madeira aos 50 anos de vida útil do projeto.

Produção de feno: Foi tomada a produção média da matéria seca dada pela avaliação realizada aos 25 anos no arranjo disposto no sistema 1. A partir dessa mensuração de rendimento, supôs-se um desconto de rendimento de 60% para a comercialização de feno (fardos de 14 kg) ao preço de R$ 3,50 fardo^{-1}, R$ 0,25 kg^{-1}. Ao utilizar-se a produção de feno a partir da produtividade de matéria seca do sistema 1, pode-se incorrer, em um viés de subestimação da produtividade efetiva, um arranjo proposto no sistema 2, entretanto, ainda assim, optou-se por considerar tal parâmetro, por tratar-se de produtividade efetivamente praticada no campo experimental em referência.

Para valorar a biomassa produzida pela gramínea para feno, utilizada nos sete primeiros anos do sistema 2, considerou--se 60% de aproveitamento da estimativa da produção de matéria seca avaliada para o sistema (a partir da produção de biomassa) 0,6x6848,27=4108,96 kg. Tomou-se a confecção de fardos de 14 kg de feno, produzidos com capim *Brachiaria* ao valor de R$ 3,50 o fardo (R$ 0,25 kg^{-1}). Receita de 4108,96x0,25=R$ 1.027,00.

Para a produção de semente considerando-se uma produtividade de 1.500 kg ha^{-1}, porém no arranjo silvipastoril a área de gramínea se equivaleu a 0,7 ha o que resulta em produtividade de 1.050 kg de semente ano. O preço pago aos produtores de semente no mercado regional para empresas de processamento é R$ 6,00 kg^{-1} (R$ 14,00 no mercado consumidor), valor praticado na região de Selvíria – MS em dezembro de 2012. A receita resultante é do total de R$ 6.300,00.

Para o aluguel de pasto, considera-se uma lotação de 1 unidade animal (u.a.) com geração de receita de R$15,00 animal^{-1} mês^{-1}. Essa lotação por unidade de área é considerada baixa, mas não está distante dos padrões praticados regionalmente, em sistemas extensivos.

Para valoração dos produtos madeireiros a serem comercializados aos 50 anos, os preços de madeira tiveram por fonte o mercado regional (pesquisados em entrevista a madeireira da região de Selvíria – MS) e destinados para a indústria de madeira sistema 2.

Para tornar possível a valoração da madeira a ser extraída após o horizonte de 50 anos, os dados relativos a preços de madeira nativa foram transformados em equivalente de madeira em pé de *M. urundeuva* na propriedade, forma que se supõe factível à comercialização para os produtores na região.

Para os dois sistemas preconizados a valoração[195] da árvore em pé foi obtida "descontando-se" do valor da madeira serrada comercializada na região (Selvíria/MS), as estimativas de desdobro das toras (considerando-se 50% de aproveitamento) e dos custos relacionados ao corte, processamento, transporte, impostos e margens de lucro estimadas dos agentes de comercialização envolvidos. Os dados para tais estimativas, relativos ao ano de 2012 são:

- Custo (m^3) para desdobro das toras pago a pecuaristas ou produtor florestal líquido de despesas de corte e carregamento: R$ 200,00;

- Custo de desdobro (considerando-se 50% de aproveitamento) R$ 200,00;

- Imposto sobre o produto comercializado (17% do preço de pauta para Mato Grosso do Sul: R$ 630,00);

- Custo de transporte da tora: a R$ 2,00 m^{-3} km^{-1}, da propriedade até a serraria (considerou-se 20 km);

- Margem de comercialização da serraria: 30% sobre o preço da madeira para revenda (R$ 2.000,00) da madeira cerrada.

6.6 CUSTOS DE IMPLANTAÇÃO E FORMAÇÃO

Os custos de implantação e formação em ambos os sistemas de produção silvipastoris (integração pecuária-floresta e a recuperação de pastagens degradadas) foram calculados utilizando-se os seguintes componentes:

- Operações mecanizadas: considerou-se a hipótese de contratação de serviços (aluguel), sendo o valor R$ 90,00 hora máquina^{-1} (HM) para cada operação realizada. Valor obtido no

---

[195] FASIABEN, M. do C. R. *et al.* Impacto econômico da reserva legal sobre diferentes tipos de unidades de produção agropecuária. **Revista de Economia e Sociologia Rural**, [*s. l.*], v. 49, n. 4, p. 1051-1096, 2011. Disponível em: https://doi.org/10.1590/S0103-20032011000400010. Acesso em: 5 jan. 2012.

banco de dados disponibilizado pela Associação dos Pequenos Agricultores do projeto Cinturão Verde de Ilha Solteira – SP;

- Operações manuais: levantou-se a quantidade de mão de obra utilizada nas atividades da implantação dos sistemas de produção obtendo-se o número de homens dia^{-1} (HD) para executá-las. Para mão de obra, considerou-se a diária de R$ 60,00 valor praticado na região de Selvíria – MS, em dezembro de 2012;

- Insumos: os preços médios foram coletados na região, nos meses em que foram adquiridos, e multiplicados pelas quantidades utilizadas.

Os coeficientes técnicos dos fatores de produção envolvidos nos sistemas produtivos foram os utilizados para abastecer a planilha de cálculo.

6.7 MÉTODO DO CUSTO ANUALIZADO DE PRODUÇÃO

O método de cálculo do custo anualizado de produção requer a definição do horizonte temporal da cultura ou vida útil considerada como exploração econômica. A consideração da variação do capital no tempo significa descontar o fluxo de custos segundo um custo de oportunidade estipulado, com os valores atuais dos custos durante todo o período útil considerado para a cultura.

O mesmo custo de oportunidade definido é utilizado como taxa de desconto. Aplicações da teoria de investimentos em bens de produção na determinação dos custos de produção na agricultura para explorações perenes[196, 197] são relatadas na literatura para a produção de borracha natural em seringueiras cultivadas.

---

[196] NEVES, E M; SARTORELLI, S. R. P.; SHIROTA, R. Custo de produção de borracha natural em seringueiras cultivadas. **FEALQ, Piracicaba, São Paulo, Brasil,** [s. l.], 1983.

[197] ARRUDA, S. T. **Análise econômica da produção da borracha natural no Estado de São Paulo.** 114 f. 1986. Dissertação (Mestrado em Agronomia) – Universidade de São Paulo, Piracicaba, 1986. Disponível em: https://doi.org/10.11606/D.11.2018.tde-20181127-161004. Acesso em: 24 mar. 2022.

A metodologia de cálculo do custo anualizado de produção[198] seja uma matriz de coeficientes técnicos e exigências de fatores C_{ij}, onde i corresponde aos itens de operação (manual ou mecânico), uso de insumos etc. O subscrito j corresponde ao ano a partir do início da implantação da cultura. Cada coeficiente C_{ij} representa a quantidade física do fator necessário para o item i no ano j. Seja também uma matriz de preços P_i, onde cada elemento P_i representa o preço do i-ésimo item da matriz C_{ij}. Tais preços são considerados fixos, em termos reais, ao longo do horizonte de análise.

O horizonte de tempo de vida útil considerado para o sistema composto por *M. urundeuva* embora frequentemente encontre-se em literaturas especializadas informações de vida útil em torno de 50 anos. No caso tem-se $j = 1, 2, ..., 50$.

Determina-se a matriz de despesa D_{ij}, que contém todas as estimativas de custos por item de despesa, ao longo de cada ano do horizonte considerado. Esse é o resultado do produto da matriz P de preços de cada item de despesa (P_i) com a matriz C composta pelos coeficientes físicos de cada item de despesa em cada ano (11).

$$D_{ij} = P_{ij} \cdot C_{ij} \tag{11}$$

Efetuando-se a somatória das despesas d_{ij} dos itens i em cada ano j, obtém-se a despesa S_j no respectivo ano (12):

$$S_j = \sum_1^{50} d_{ij} \tag{12}$$

O valor presente do conjunto dos fluxos de despesa para a taxa de desconto adotada pode ser definido por (13):

---

[198] NEVES, Evaristo M; SARTORELLI, S. R. P.; SHIROTA, R. Custo de produção de laranja no Estado de São Paulo. **FEALQ, Piracicaba, São Paulo, Brasil,** [s. l.], 1988.

$$VPD = \sum_{j=1}^{50} \left[S_J \cdot \frac{1}{(1+k)^j} \right] \tag{13}$$

O valor presente da produção da cultura, previsto na Teoria de Investimentos e expresso pela equação acima, é necessário para compatibilizar o fluxo de dispêndio monetário com o fluxo com o fluxo de produção anual que torne possível, para o produtor, ter uma estimativa dos custos que esperará incorrer ao longo da vida útil da cultura.

Considerando a estimativa de produção de madeira ao longo do mesmo período, obtém-se outro conjunto de valores Z_j. Do mesmo modo, é possível determinar o Valor Presente da Produção (VPP_k) para a taxa de desconto adotada (14):

$$VPP_k = \sum_{j=1}^{50} \left[Z_{j} \frac{1}{(1+k)^j} \right] \tag{14}$$

A divisão do Valor Presente das Despesas (VPD_k) pelo Valor Presente da Produção (VPP_k), descontados a uma mesma taxa, resulta no custo por unidade produzida (15):

$$CT_k = \frac{VPD_k}{VPP_k} \tag{15}$$

7

CARACTERES SILVICULTURAIS EM *MYRACRODRUON URUNDEUVA*

Aos 25 anos após o plantio, a "População-Base" de *M. urundeuva* apresentou uma altura média de 8,53±0,08 m, para um intervalo de 0,20 m (altura mínima) a 17,50 m (altura máxima), proporcionando um coeficiente de variação de 35,55% (Tabela 1). Nessa condição, o incremento médio anual (IMA) foi de 0,34 m. Para o DAP, a média foi de 10,89 cm, para um intervalo de 0,29 cm (DAP mínimo) a 49,02 (DAP máximo), proporcionando um coeficiente de variação de 47,47% (Tabela 1), o que corresponde a um IMA de 0,43 cm árv.$^{-1}$ ano^{-1}.

Tabela 1 – Estatísticas básicas para os caracteres: Altura da planta, d30 (diâmetro a altura de 30 cm), DAP (cm), FT (forma do tronco) e SOB (sobrevivência) em uma população de *Myracrodruon urundeuva*, aos 25 anos, em Selvíria – MS

PARÂME-TROS	ALTURA (m)	d30 (cm)	DAP (cm)	FT	SOB
Média	8,53±0,08[1]	4,14±0,06	10,89±0,14	3,03±0,03	0,89±0,01
Variância	9,1970	4,4794	26,7273	1,0174	0,0967
Desvio	3,0327	2,1165	5,1698	1,0087	0,3110
CV (%)	35,55	51,06	47,47	33,29	34,88
Máximo	17,50	33,10	49,02	5	1
Mínimo	0,20	0,13	0,29	1	0
Assimetria	-0,4337	2,5598	0,8086	-0,3682	-2,5189
Desvio	0,0641	0,0640	0,0648	0,0650	0,0603
T	-6,7677	40,0131	12,4701	-5,36680	-41,7846
Inferência	AN²	AP³	AP³	AN²	AN²
Curtose	0,1710	27,7763	2,9000	-0,8725	4,3451

PARÂME-TROS	ALTURA (m)	d30 (cm)	DAP (cm)	FT	SOB
Desvio	0,1282	0,1279	0,1297	0,1299	0,1206
T	1,3340	217,0879	22,3616	-6,7160	36,0383
Inferência	M[4]	L[5]	L[5]	P[6]	L[5]

T: Teste t; [1]Erro Padrão da Média; [2]Assimétrica Negativa; [3]Assimétrica Positiva; [4]Mesocúrtica; [5]Leptocúrtica; [6]Platicúrtica.
Fonte: o autor

Essas estimativas ficaram abaixo da média encontrada, em levantamento realizado na literatura, para várias populações de *M. urundeuva* (Tabela 2), que foi de 0,84 m para a altura e de 0,55 cm para o DAP. Porém estão dentro do intervalo de variação que foi de 0,27 m (54 anos) a 1,97 m (1,9 anos) para a altura e de 0,19 cm (54 anos) a 1 cm (4,7 anos) para o DAP. Esses dados são esperados com o aumento da idade da "População-Base", caso não seja realizado um desbaste.

Tabela 2 – Incremento médio de altura e diâmetro em experimentos de *Myracrodruon urundeuva*

PROCEDÊN-CIA	ALTU-RA (m)	DAP (cm)	IDADE (ano)	IMA(Altura) (m árv^{-1} ano-^{1})	IMA(DAP) (m árv^{-1} ano^{-1})	LOCAL	REFERÊNCIA
Cosmópolis-SP	12,40	20,00	20,0	0,62	1,00	Cosmópolis-SP	NOGUEIRA (1977)
Bauru-SP	3,62	DMC	3,5	1,03	DMC	Selvíria-MS	MORAES (1992)
Selvíria-MS	3,45	DMC	3,5	0,98	DMC	Selvíria-MS	MORAES (1992)
Petrolina-PE	2,96	DMC	4,5	0,66	DMC	Selvíria-MS	FREITAS (1999)
Paulo de Faria-SP	3,74	DMC	1,9	1,97	DMC	Selvíria-MS	OLIVEIRA (1999)
Paulo de Faria-SP	3,52	DMC	1,9	1,85	DMC	Selvíria-MS	OLIVEIRA (1999)
Seridó-RN	2,06	DMC	2,0	1,03	DMC	Selvíria-MS	FONSECA (2000)
Paulo de Faria-SP	3,13	DMC	2,0	1,57	DMC	Selvíria-MS	FONSECA (2000)
Selvíria-MS	9,59	7,83	14,5	0,66	0,54	Selvíria-MS	BALERONI (2003)
Bauru-SP	9,65	9,05	14,5	0,67	0,62	Selvíri-MS	BALERONI (2003)
Selvíria-MS	5,16	5,82	10,5	0,49	0,55	Selvíria-MS	BALERONI (2003)
Aramina-SP	5,62	6,16	10,5	0,54	0,59	Selvíria-MS	BALERONI (2003)
Paulo de Faria-SP	5,21	DMC	3,0	1,74	DMC	Selvíria-MS	FREITAS (2003)
Paulo de Faria-SP	4,67	DMC	3,0	1,56	DMC	Selvíria-MS	FREITAS (2003)
Paulo de Faria-SP	4,32	DMC	3,0	1,44	DMC	Selvíria-MS	FREITAS (2003)
Selvíria-MS	7,34	7,35	8,0	0,92	0,92	Selvíria-MS	LINS (2004)

PROCEDÊNCIA	ALTURA (m)	DAP (cm)	IDADE (ano)	IMA(Altura) (m árv⁻¹ ano⁻¹)	IMA(DAP) (m árv⁻¹ ano⁻¹)	LOCAL	REFERÊNCIA
Ilha Solteira-SP	9,98	9,00	20,0	0,50	0,45	Selvíria-MS	SILVA (2007)
Aramina-SP	6,19	6,87	15,5	0,40	0,44	Selvíria-MS	GUERRA (2008)
Selvíria-MS	6,02	6,59	15,5	0,39	0,43	Selvíria-MS	GUERRA (2008)
Paulo de Faria-SP	6,31	5,36	10,0	0,63	0,53	Selvíria-MS	CANUTO (2009)
Paulo de Faria-SP	8,47	8,52	10,0	0,42	0,85	Selvíria-MS	CANUTO (2009)
Paulo de Faria-SP	8,89	4,82	10,0	0,89	0,48	Selvíria-MS	CANUTO (2009)
Paulo de Faria-SP	6,02	5,90	10,0	0,60	0,59	Selvíria-MS	CANUTO (2009)
Seridó-RN	5,77	6,55	10,0	0,58	0,65	Selvíria-MS	CANUTO (2009)
Selvíria-MS	9,13	11,30	20	0,46	0,56	Selvíria-MS	CANUTO (2009)
Bauru-SP	10,47	12,90	20,0	0,52	0,64	Selvíria-MS	CANUTO (2009)
Petrolina-PE	6,28	7,06	15,0	0,42	0,47	Selvíria-MS	CANUTO (2009)
Itarumã-GO	3,61	DMC	3,0	1,20	DMC	Selvíria-MS	CANUTO (2009)
Paulo de Faria-SP	5,42	7,40	11,0	0,49	0,67	Selvíria-MS	MORAES (2009)
Paulo de Faria-SP	8,49	7,40	11,0	0,77	0,67	Selvíria-MS	MORAES (2009)
Paulo de Faria-SP	9,11	7,40	11,0	0,83	0,67	Selvíria-MS	MORAES (2009)
Paulo de Faria-SP	6,60	7,40	11,0	0,60	0,67	Selvíria-MS	MORAES (2009)
Cosmópolis-SP	14,67	10,00	54,0	0,27	0,19	Cosmópolis-SP	NOGUEIRA (2010)

PROCEDÊN-CIA	ALTU-RA (m)	DAP (cm)	IDADE (ano)	IMA(Altura) (m árv^{-1} ano^{-1})	IMA(DAP) (m árv^{-1} ano^{-1})	LOCAL	REFERÊNCIA
Rosana-SP	7,92	7,41	9,3	0,85	0,79	Rosana-SP	RODRIGUES (2010)
Selvíria-MS	9,08	11,6	14,0	0,65	0,82	Selvíria-MS	OTSUBO (2011)
Ribeirão Preto-SP	5,30	4,70	4,7	1,13	1,00	Selvíria-MS	PUPIN (2011)
Média	6,67	8,60	-	0,84	0,62		

Fonte: o autor

A distribuição das frequências dos indivíduos em função das classes de altura foi diferente da curva normal (simétrica e mesocúrtica). Quanto à simetria, foi assimétrica negativa, e em relação à curtose, foi mesocúrtica. Esse comportamento foi em função do maior número de indivíduos ficarem abaixo da média da população. A equação, que representa a distribuição de classes em altura de plantas ($y=-3,6057.x^2+63,508.x-58,224$), possui um coeficiente de determinação igual a 0,69, ou seja, 69% dos dados podem ser explicados por essa equação (Figura 4).

Figura 4 – Distribuição de frequência para classes de altura de plantas em uma população de *Myracrodruon urundeuva*, aos 25 anos, em Selvíria – MS

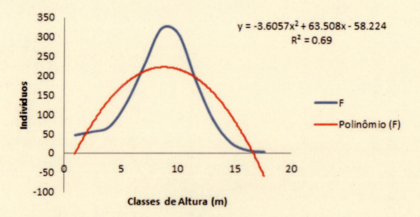

Fonte: o autor

A presença de indivíduos com diferentes alturas já era esperada em função da variabilidade genética com que a "População-Base" de *M. urundeuva* foi formada. A tendência de diminuição do IMA em função da idade sugere a intervenção nesta "População-Base" na forma de um desbaste em torno de 33,3%, aos 25 anos após o plantio.

A distribuição das frequências dos indivíduos em função das classes de diâmetro a 30 cm foi diferente da curva normal (simétrica e mesocúrtica). Quanto à simetria, foi assimétrica positiva, e em relação à curtose, foi leptocúrtica. Esse comportamento foi em função de o maior número de indivíduos ficar acima da média da população. A equação para o diâmetro a 30 cm de plantas foi: (y=0,0075.x³+0.8605. x²-2774.x+260.16), para um coeficiente de determinação (R^2=0,62), ou seja, 62% dos dados podem ser explicados por esta equação (Figura 5).

Figura 5 – Distribuição de frequência para classes de diâmetro a 30 cm de altura em uma população de *Myracrodruon urundeuva*, aos 25 anos, em Selvíria – MS

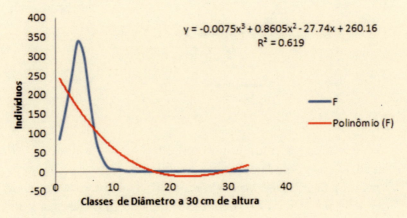

Fonte: o autor

A presença de indivíduos com diferentes medidas de diâmetro a 30 cm de altura também já era esperada devido à variabilidade genética com que a "População-Base" de *M. urundeuva* foi formada. Pois esse caráter não tem correlação com os demais, já que o desbaste de 33,3% não refletirá em incremento médio anual (IMA).

A distribuição das frequências dos indivíduos em função das classes de DAP foi assimétrica. Quanto à simetria, foi assimétrica positiva, e em relação à curtose, foi leptocúrtica. Esse comportamento foi em função de o maior número de indivíduos ficar acima da média da população. A equação, que representa a distribuição de classes em DAP, é dada pela expressão: y=0,0199.x³-1,4341.x²+21,988. x+98,495, para um coeficiente de determinação igual a 0,72, ou seja, 72% dos dados podem ser explicados por esta equação (Figura 6).

Figura 6 – Distribuição de frequência para classes de DAP em uma população de *Myracrodruon urundeuva*, aos 25 anos, em Selvíria – MS

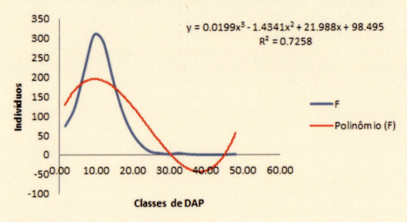

Fonte: o autor

A presença de indivíduos com diferentes medidas de DAP também já era esperada devido à variabilidade genética com que a "População-Base" de *M. urundeuva* foi formada. Pois esse caráter é o que tem maior correlação com a altura, portanto o desbaste de 33,3% efetuado no caráter acima também refletirá no incremento médio anual (IMA).

A distribuição das frequências dos indivíduos em função das classes de forma do tronco foi diferente da curva normal (simétrica e mesocúrtica). Quanto à simetria, foi assimétrica negativa, e em relação à curtose, foi platicúrtica. Esse comportamento foi em função de o maior número de indivíduos ficar próximo da média da população. A equação, que representa a distribuição de classes para a Forma do Fuste, com base em uma escala de notas, é dada pela expressão: $y=-51.421.x^3+421.28.x^2-1043.5.x+962.48$, para um ($R^2=0,55$), ou seja, 55% dos dados podem ser explicados por esta equação (Figura 7).

Figura 7 – Distribuição de frequência para classes de forma do tronco em uma população de *Myracrodruon urundeuva*, aos 25 anos, em Selvíria – MS

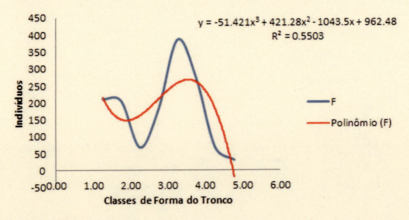

Fonte: o autor

A presença de muitos indivíduos com medidas muito próximos às médias em forma do fuste também já era esperada devido ao caráter adaptativo com que a "População-Base" de *M. urundeuva* foi formada. Pois a espécie é de ocorrência ampla, principalmente em Mato Grosso do Sul, onde se localiza a População-Base.

A distribuição das frequências dos indivíduos em função das classes de sobrevivência foi diferente da curva normal (simétrica e mesocúrtica). Quanto à simetria, foi assimétrica negativa, e em relação à curtose, foi leptocúrtica. Esse comportamento foi em função de o maior número de indivíduos ficar próximo da média da população. A sobrevivência de plantas pode ser expressa pela equação: $y = 9551.9.x^3 - 11532.x^2 + 3338.5.x - 98228$, para um coeficiente de determinação igual a 0,90 ou seja, 90% dos dados podem ser explicados por esta equação (Figura 8).

Figura 8 – Distribuição de frequência para classes de sobrevivência de plantas em uma população de *Myracrodruon urundeuva*, aos 25 anos, em Selvíria – MS

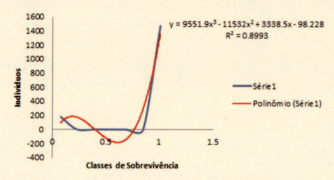

Fonte: o autor

A presença de muitos indivíduos com medidas muito próximos às médias em sobrevivência também já era esperada devido ao caráter adaptativo com que a "População-Base" de *M. urundeuva* foi formada. Pois a espécie é de ocorrência ampla, principalmente em Mato Grosso do Sul, onde está instalada a "População-Base".

A partir da fórmula com os parâmetros altura e DAP e fator de forma (H) 0,5 chega-se a um volume de 0,03973 m³ indivíduo^{-1}, aos 25 anos. Com essa estimativa, é possível extrapolar para um volume total de 13,2283 m³ para 333 plantas (desbaste, visando explorar a madeira para energia).

Tabela 3 – Volume de madeira estimado aos 25 anos (DAP 10,89 cm; H 8,53 m) e projetado para 50 anos, para uma população de *Myracrodruon urundeuva* em Selvíria – MS

População (plantas ha^{-1})	Idade (ano)	Volume (m³)
369 desbaste	25	14,66
742 em campo população-base	25	29,48
742 em campo (Sistema 1)	50 anos crescimento lento[2]	44,93[2]
500 em campo (Sistema 2)	50 anos crescimento rápido[2]	35,92[2]

Fonte: o autor

A partir de dados levantados na literatura (Tabela 2), é possível projetar a idade ideal de desbaste, visando a um volume maior de madeira em período mais curto (Tabela 4).

Tabela 4 – Volume ideal para o desbaste em uma população-base de *Myracrodruon urundeuva* em Selvíria – MS

Idade (anos)	Volume (m^3 arv^{-1})	Volume total (m^3)	Desbaste 30% (m^3)	Madeira final aos 50 anos (m^3)
5	0,0477	53,00	16,5	77,00
10	0,0505	56,10	16,8	77,00
25	0,0399	44,07	13,2	47,00
54	0,0576	63,00	-	-

Fonte: o autor

8

PRODUÇÃO DE MASSA VERDE DE CAPIM *BRACHIARIA* – VERÃO/INVERNO

A produção de biomassa, no período de 22/02/2011 a 27/06/2011, para o sistema (*M. urundeuva* x *T. micrantha*). Verifica-se boa produção nos dois períodos (verão e inverno) devido à melhor fertilidade do solo; por ser um sistema consorciado, pois a espécie pioneira *T. micrantha*, por meio de simbiose, tem a capacidade de fixar nitrogênio, até o final do seu ciclo vegetativo.

Tabela 5 – Valores amostrais e médias de produção de biomassa para o sistema aroeira candiúba

AROCAN - Amostragem 0,25 m²			
22 de fevereiro de 2011		27 de junho de 2011	
Massa Verde (g)	Massa Seca (g)	Massa Verde (g)	Massa Seca (g)
387,0	202,6	255,7	92,5
404,0	210,5	281,7	255,5
198,0	153,7	129,9	65,5
216,0	138,3	135,8	66,1
278,0	139,9	193,5	92,8
255,0	129,0	319,0	131,5
303,0	157,8	444,1	182,4
179,0	153,2	428,5	236,3
177,0	153,2	83,9	49,9
268,0	111,8	98,4	62,6
295,0	146,8	141,6	89,3
247,3	162,3	368,6	195,3

AROCAN - Amostragem 0,25 m²			
22 de fevereiro de 2011		**27 de junho de 2011**	
Massa Verde (g)	Massa Seca (g)	Massa Verde (g)	Massa Seca (g)
377,0	167,6	448,5	271,8
516,0	260,9	217,7	150,1
481,0	280,5	250,5	168,9
Média:	Média:	Média:	Média:
305,4	171,2	253,2	140,7
Média por ha (kg)	**Média por ha (kg)**	**Média por ha (kg)**	**Média por ha (kg)**
1.2216,8	6848,3	1.0126,9	5.627,9

Fonte: o autor

Nos sistemas de produção projetados, assumiu-se, para o Sistema 1, que a forrageira se estabelece a partir de um banco de semente existente no solo, sendo a produção de biomassa para forragem totalmente utilizada para pastoreio animal do quinto ano em diante, tempo suficiente para que o banco de sementes existente no solo assegurasse a regeneração da pastagem ano a ano, até o início do pastoreio.

Para o sistema 2, do plantio conjunto da gramínea com as espécies arbóreas decorre rápido estabelecimento da forrageira, e sua biomassa é convertida em produção de feno com as sementes colhidas para comercialização do primeiro até o oitavo ano, quando o porte da Aroeira (*M. urundeuva*) permite a entrada dos animais para pastoreio sem risco para a espécie florestal. Nesse sistema assume-se o aproveitamento comercial da biomassa para produção de feno de 40% sobre a produção média indicada, o que corresponde a 4.108,96 kg (Tabela 5). O feno é comercializado em fardos de aproximadamente 14 kg, a um valor de R$ 3,50 fardo[-1]. Assim, 294 fardos apresentam uma receita de R$ 1.029,00.

9

CUSTO ANUALIZADO DE PRODUÇÃO

9.1 RESULTADOS ECONÔMICOS PARA O SISTEMA 1

O conjunto das operações e insumos, valores unitários e coeficientes técnicos preconizados no sistema 1 são indicados por período anual, em que se destacam sobremaneira as operações demandadas no primeiro ano (Tabela 6).

No fluxo de custos, produtividade e receitas em valores correntes para o horizonte de vida útil considerado, verifica-se uma concentração das despesas no primeiro ano; do segundo ao quarto anos, a única operação que envolve desembolsos de pequena monta é o controle de formiga. No 25º ano, a extração de madeira para produção de energia resulta do manejo florestal preconizado para o sistema, o qual conduz a uma redução da população de 1.111 para 742 indivíduos (Tabela 6).

Para se calcular a receita projetada com a produção e venda da madeira aos 50 anos, foi necessário valorar a árvore em pé[199], partindo-se de R$ 2.000,00 m^3 da madeira pranchada comercializada regionalmente, chega-se ao valor em pé de R$ 415,10 o m^3 na propriedade.

Valoração da árvore em pé para a região de Selvíria – MS = [Preço do m^3 da madeira pranchada descontado o rendimento – Σ despesas (aquisição e carregamento da tora, imposto, desdobro) x margem da serraria] = R$ 415,10.

---

[199] FASIABEN *et al.*, 2011.

Tabela 6 – Descrição dos itens que compõem o custo de produção do Sistema Silvipastoril composto por *Myracrodruon* urundeuva, *Trema micrantha* e instalação natural de capim *Brachiaria* em Selvíria – MS

Insumos e Operações 1 ano	Unidade[1]	Coeficiente	Valor Unitário (R$)
Aração	HM	4,0	90,00
Gradagem pesada	HM	3,0	90,00
Gradagem leve (2)	HM	4,0	90,00
Sulcação	HM	1,3	90,00
Plantio sp. Florestais	HD	4,0	60,00
Irrigação	HM	16,7	90,00
Aplicação Herbicida	HD	1,0	60,00
Controle formiga	HD	0,5	60,00
Replantio	HD	0,4	60,00
Isca formicida	kg	12,0	6,00
Glifosato	L	5,0	6,00
Muda Aroeira	unidade	1.111	1,50
Muda Candiúba	unidade	1.111	1,50
Insumos e Operações anos subsequentes			
Controle Formiga (2º - 4ºano)	HD	0,5	60,00
Aplicação Herbicida (2º - 4ºano)	HD	1,0	60,00
Desbaste Motosserra (25º ano)	HM	6,0	90,00
Carreta p. Desbaste[1/] (25º ano)	HM	24,0	15,00
Carregamento [/] (25º ano)	HD	6,0	60,00

Sendo [1]HM-hora /máquina e HD- homem/dia 1/ Preço de deslocamento para carreta
Fonte: o autor

As despesas do primeiro ano resumem a grande maioria das despesas, o que resulta em receita líquida negativa para o sistema nesse ano. A partir do 5º até o 24º ano, há uma pequena entrada de receitas provenientes do aluguel do pasto (uma unidade animal/ha).

Os mesmos indicadores apresentados anteriormente (Tabela 6) são reapresentados em valores descontados para valor presente (taxa de 4% a.a.) (Tabela 7). Vê-se que a receita projetada para o 50º ano, em que seria possível a comercialização da madeira final, em valores correntes (R$ 18.830,44) representa, em valor presente, uma receita líquida projetada de cerca de R$ 2.350,24.

Tabela 7 – Fluxos de custos, receitas (R$ ha⁻¹) ao longo do sistema silvipastoril de *Myracrodruon urundeuva* e *Trema micrantha* e produtividade da madeira (energia aos 25 anos e madeira final aos 50 anos)

	1 ano	2 anos	3 anos	4 anos	5...24 anos	25 anos	26...49 anos	50 anos
Fluxo anual de custos (R$ ha⁻¹)	6.311,7	60,0	60,0	60,0	0,0	1.260,0	0,0	0,0
Produtividade madeira (m⁻³ ha⁻¹)	-	-	-	-	-	14,7	-	44,9
Receita anual (R$ ha⁻¹)	0,0	0,0	0,0	0,0	180,0	180,0	180,0	180,0
Receita (R$ ha⁻¹) madeira prod. energia	-	-	-	-	-	6.085,4	-	-
Receita (R$ ha⁻¹) madeira prod. madeira	-	-	-	-	-	-	-	18.650,4
Fluxo total receitas (R$ ha⁻¹)	0,0	0,0	0,0	0,0	180,0	6.265,4	180,0	18.830,4
Fluxo total receita líquida (R$ ha⁻¹)	-6.311,7	-60,0	-60,0	-60,0	180,0	5.005,4	180,0	18.830,4

Fonte: o autor

Tabela 8 – Fluxo de custos, receitas e produtividade e receitas líquidas anuais descontados para valor presente (taxa 4% ao ano). Sistema silvipastoril de *Myracrodruon urundeuva* (741) plantas/ha após 25 anos) e produtividade da madeira (energia aos 25 anos) e madeira final aos 50

	1 ano	2 anos	3 anos	4 anos	5 anos	25 anos	50 anos
Fluxo de custos	6.068,90	55,50	53,30	51,30	-	472,60	-
Produtividade madeira 25 a.	-	-	-	-	-	4,90	-
Produtividade madeira 50 a.	-	-	-	-	-	-	6,30
Receita aluguel pasto	-	-	-	-	147,90	67,50	25,30
Receita madeira energia	-	-	-	-	-	2.060,10	-
Receita madeira para madeireira	-	-	-	-	-	-	2.624,30
Fluxo de receitas (R$ ha^{-1})	-	-	-	-	147,90	2.127,90	2.649,70
Receita líquida (R$ ha^{-1})	-6.068,90	-55,50	-53,34	-51,30	147,90	1.877,60	2.649,70

Fonte: o autor

O valor presente total anual (ao longo dos 50 anos de horizonte de vida útil) dos custos, receita e receita líquida. Coloca em evidência a totalidade em valores presentes. Os indicadores apontados permitem visualizar o retorno econômico do investimento, com uma receita líquida de R$ 1.418,18 por hectare ou R$ 6,32 m^3 ha^{-1} (Tabela 9).

Tabela 9 – Fluxo de custos, receitas e produtividade e receitas liquidas anuais descontados para valor

Custo total R$ ha⁻¹	Receita total R$ ha⁻¹	Receita líquida R$ ha⁻¹	Produção madeira m³ ha⁻¹	Receita m³ ha⁻¹
6.701,69	8.120,49	1.418,18	6,32	224,49

Fonte: o autor

9.2 RESULTADOS ECONÔMICOS PARA O SISTEMA 2

A mesma sequência de coeficientes técnicos, custos unitários, custos e receitas correntes e trazidos para valores presente (descontados a mesma taxa de 4% ao ano) são apresentados a seguir.

Neste Sistema 2, com menor número de indivíduos da espécie arbórea e plantio conjunto da gramínea, a previsão de produção de feno e sementes a partir da biomassa de *Urochloa decumbens* permite uma boa entrada de receitas até o oitavo ano, amortizando sobremaneira as despesas concentradas no primeiro ano, de forma que ainda se consegue uma receita líquida positiva nesse ano. Até o oitavo ano, essa receita líquida permanece bastante interessante, e do nono até o 50º ano tem-se uma pequena receita, decorrente da suposição a manutenção do sistema silvipastoril e receita proveniente do aluguel do pasto (para uma unidade animal).

Tabela 10 – Descrição dos itens que compõem o custo de produção do Sistema Silvipastoril composto por *Myracrodruon urundeuva* e *Trema micrantha* com plantio de capim *Brachiaria* em Selvíria – MS

Insumos e Operações 1 ano	Unidade¹	Coeficiente	Valor Unitário (R$)
Aração	HM	4,0	90,00
Gradagem pesada	HM	3,0	90,00
Calcário	HM	0,5	90,00
Gradagem leve (2)	HM	4,0	90,00

Insumos e Operações 1 ano	Unidade[1]	Coeficiente	Valor Unitário (R$)
Sulcação	HM	1,3	90,00
Semeadura braquiária	HM	1,3	90,00
Plantio sp. Florestais	HD	4,0	60,00
Irrigação	HM	16,7	90,00
Colheita *B. decumbens* feno[-1]	HM	2,0	90,00
Aplicação Herbicida	HD	1,0	60,00
Controle formiga	HD	0,5	60,00
Replantio	HD	0,4	60,00
Glifosato	L	5,0	6,00
Isca Formicida	kg	12,0	6,00
Calcário	t	2,0	340,00
Muda Aroeira	unidade	500	1,50
Muda Candiúba	unidade	500	1,50
Adubo	kg	250	1,50
Semente *B. decumbens*	kg	8	14,15
Insumos e Operações anos subsequentes			
Controle Formiga (2° - 4°ano)	HD	0,5	60,00
Aplicação Herbicida (2° - 4°ano)	HD	1,0	60,00

Sendo [1]HM: hora máquina[-1] e HD: homem dia[-1].
Fonte: o autor

Tabela 11 – Descrição dos itens que compõem o custo de produção do Sistema Silvipastoril composto por *Myracrodruon urundeuva* e *Trema micrantha* com plantio de capim *Brachiaria* em Selvíria – MS

Itens	1 ano	2 anos	3 anos	4 anos	5...8 anos	9...49 anos	50 anos
Fluxo de custos	6388,10	270,00	270,00	270,00	180,00	0	0
Produtividade feno (1-8)	4.109,00	4.109,00	4.109,00	4.109,00	4.109,00	0	0
Produtividade sementes b. (1-8)	1.050,00	1.050,00	1.050,00	1.050,00	1.050,00	0	0
Produtividade madeira 50 a. (m³)	-	-	-	-	-		35,90
Receita feno	1.027,20	1.027,20	1.027,20	1.027,20	1.027,20	-	0
Receita semente	6.300,00	6.300,00	6.300,00	6.300,00	6.300,00	-	0
Receita aluguel de pasto	-	-	-	-		180,00	180,00
Receita madeira para indústria	-	-	-				14.910,40
Fluxo de receitas líquida (R$ ha⁻¹)	939,20	7.057,20	7.057,20	7.057,20	7.147,20	180,00	15.090,40

Fonte: o autor

Tabela 12 – Fluxo de custos, produtividade e receitas líquidas anuais, descontados para valor presente (taxa 4% ao ano). Sistema silvipastoril de *Myracrodruon urundeuva* (500 árv. ha⁻¹) e capim *Brachiaria* com produtividade da madeira (madeira final aos 50 anos)

Descrição	1 ano	2 anos	3 anos	8 anos	9 anos	50 anos
Fluxo de custos	6.142,40	249,60	240,00	131,50	-	-
Produtividade feno (1-8 anos)	3.950,90	3.950,90	3.950,90	3.002,40	-	-
Produtividade semente (1-8 anos)	1.009,60	970,80	933,40	767,20	-	-
Produtividade madeira 50 a.	-	-	-	-	-	9,10
Receita prod. feno (1-8 anos)	987,70	949,70	913,20	750,60	-	-
Receita semente (1-8 anos)	6.057,70	6.057,70	6.057,70	6.057,70	-	-
Receita aluguel de pasto	-	-	-	-	126,50	25,30
Fluxo de receita madeira (50 a)	3.795,5	-	-	-	-	2.098,00
Receita líquida (R$ ha⁻¹)	903,00	6.524,80	6.273,90	5.222,40	126,50	2.123,40

Fonte: o autor

O resumo referente a somatória dos custos e receitas anuais em valor presente (tx. de 4% ao ano) mostra uma receita liquida por hectare e por metro cúbico de madeira bem mais atrativa do que no Sistema 1, sinalizando que, um planejamento que otimize as possíveis receitas, com a produção dos produtos feno e semente, garantem uma atrativa para o sistema silvipastoril ao longo do horizonte de vida útil considerado (Tabela 13).

Tabela 13 – Valor presente do fluxo total de custos e receitas (R$ ha^{-1} e R$ m^{-3}) e produção madeireira aos 50 anos (m^3 ha^{-1}) (taxa de desconto 4% ao ano) do Sistema 2 (*Myracrodruon urundeuva* (500 plantas ha^{-1}) e capim *Brachiaria* produtividade da madeira)

Custo total R$ ha^{-1}	Receita total R$ ha^{-1}	Receita líquida R$ ha^{-1}	Produção madeira m^3 ha^{-1}	Receita m^3 ha^{-1}
7.421,37	48.361,50	40.940,14	5,05	7.764,08

Fonte: o autor

10

CONSIDERAÇÕES FINAIS

Os gestores de propriedades rurais, em diversos momentos, são desafiados a tomar decisões acerca das opções produtivas a serem exploradas, e muitas se encaixam no problema de escolha entre sistemas produtivos alternativos que envolvam retornos em períodos distintos no tempo (de curto, médio e longo prazos), face aos investimentos necessários para implantação e condução dos sistemas produtivos. A opção por exploração de espécies florestais representa uma variante de escolha do tipo "pagar agora para realizar lucros depois".

A escolha envolvendo a troca intertemporal desse tipo, ou seja, investir no primeiro ano e realizar lucros mais consistentes 50 anos depois faz todo sentido se houver uma expansão da consciência e expectativas quanto aos valores de uso do componente florestal e lucros futuros, adicionando os benefícios não monetários à realização dos lucros monetários. Alguns dos benefícios não monetários são: a proteção do solo, os valores de existência de uma espécie flores-tal ameaçada de extinção, a possibilidade de averbar a área como reserva legal e obter benefício de desconto de impostos (Imposto Territorial Rural).

11

CONCLUSÕES

A espécie *M. urundeuva* apresenta crescimento diferenciado no seu habitat natural, e também em monocultivo, aplicando-se taxa de crescimento de 0,0117 em várias idades de plantios e densidades, expressou-se que a espécie é de crescimento rápido na fase inicial, crescimento médio na fase intermediária e crescimento lento após os 30 anos de idade.

A partir das condições em que este estudo foi desenvolvido, os sistemas silvipastoris apresentados constituem opções economicamente viáveis e sustentáveis, principalmente se inseridas em estratégia de planejamento que considere objetivos, custos e retornos do curto aos longos prazos.

Em relação à complexidade e manejo do sistema, há uma concentração das despesas no período de implantação, mas é possível diversificar a entrada de receita ao período de vida útil do projeto, além dos benefícios ambientais proporcionados ao meio.

O fluxo de caixa é um elemento fundamental nesse sistema. As receitas geradas nos sistemas foram positivas, e um desbaste escalonado elevaria as receitas no sistema 1 em período mais curto. No sistema 2, durante o mesmo período, a receita foi superior devido à diversificação de produtos no início do projeto. Portanto, os dois sistemas avaliados são economicamente viáveis e sustentáveis.

REFERÊNCIAS

ABDALA, L. *et al.* Biochemical traits useful for the determination of genetic variation in a natural population of Myracrodruon urundeuva. **Pesquisa Agropecuária Brasileira**, [*s. l.*], v. 37, n. 7, p. 909-916, 2002. Disponível em: https://doi.org/10.1590/S0100-204X2002000700003. Acesso em: 26 nov. 2010.

ABEL, N. *et al.* **Design Principles for Farm Forestry**: A Guide to Assist Farmers to Decide Where to Place Trees and Farm Plantations on Farms. [*S. l.: s. n.*], 1997. Disponível em: http://www.dpie.gov.au/rirdc. Acesso em: 5 abr. 2022.

ANTÔNIO DE LAURA, V. *et al.* **O eucalipto em sistemas de integração lavoura-pecuária-floresta (ILPF) no Cerrado.** [*s. l.*], 2021. Disponível em: https://ainfo.cnptia.embrapa.br/digital/bitstream/item/223426/1/EmbrapaFlorestas-2021-LV-EucaliptoEmbrapa-cap31.pdf. Acesso em: 18 maio 2023.

ARRUDA, S. T. **Análise econômica da produção da borracha natural no Estado de São Paulo**. 114 f. 1986. Dissertação (Mestrado em Agronomia) – Universidade de São Paulo, Piracicaba, 1986. Disponível em: https://doi.org/10.11606/D.11.2018.tde-20181127-161004. Acesso em: 24 mar. 2022.

BAGGIO, A. J.; CARPANEZZI, O. B. Resultados preliminares de um estudo sobre arborização de pastagens com mudas de espera. **Boletim de Pesquisa Florestal**, Curitiba, v. 18/19, p. 17-22, 1989. Disponível em: https://www.alice.cnptia.embrapa.br/handle/doc/282091. Acesso em: 23 abr. 2022

BALANDIER, P.; DUPRAZ, C. Growth of widely spaced trees. A case study from young agroforestry plantations in france. **Agroforestry Systems**, v. 43, p. 151-167, 1998. Disponível em: https://doi.org/10.1023/a:1026480028915. Acesso em: 24 jul. 2011.

BANDEIRA, M. A. M. *Myracrodruon urundeuva allemão* (aroeira do sertão): constituintes químicos ativos da planta em desenvolvimento e adulta. *In*:

LORENZI, H.; MATOS, F. J. A. (org.). **Plantas medicinais do Brasil**: nativas e exóticas. Nova Odessa: Instituto Plantarum, 2002. p. 512.

BARRIOS, C.; BEER, J.; IBRAHIM, M. Pastoreo regulado y bostas del ganado para la protección de plántulas de Pithecolobium saman en potreros. **Agroforestería de las Américas**, [s. l.], p. 3, 1999. Disponível em: https://repositorio.catie.ac.cr/handle/11554/6640. Acesso em: 5 abr. 2022.

BARROSO, G. M. **Sistemática de angiosperma do Brasil**. 2. ed. Viçosa: Imprensa Universitária, 1984.

BEIGUELMAN, B. **Curso prático de bioestatística**. Ribeirão Preto: Sociedade Brasileira de Genética, 1991.

BERQUÓ, E. S. S.; SOUZA, J. M. P. M. P. de; GOTLIEB, S. L. D. L. D. **Bioestatística**. São Paulo: Editora Pedagógica e Universitária Ltda., 1981.

BLACKSHAW, J. K.; BLACKSHAW, A. W. Heat stress in cattle and the effect of shade on production and behaviour: a review. **Australian Journal of Experimental Agriculture**, [s. l.], v. 34, n. 2, p. 285-295, 1994.

BODDEY, R. M. *et al.* Nitrogen cycling in Brachiaria pastures: The key to understanding the process of pasture decline. **Agriculture, Ecosystems and Environment**, [s. l.], v. 103, n. 2, p. 389-403, 2004. Disponível em: https://doi.org/10.1016/j.agee.2003.12.010. Acesso em: 10 dez. 2011.

BORGES, L. H. A. *et al.* Fotossensibilização secundária pela ingestão de brachiaria em bovino. **Revista Científica Eletrônica De Medicina Veterinária**, Garça, n. 5, 2005.

CALDEIRA, M. V. W. *et al.* Quantificação de Serapilheira e de Nutrientes – Floresta Ombrófila Mista Montana – Paraná. **Revista Acadêmica Ciência Animal**, [s. l.], v. 5, n. 2, p. 101-116, 2007. Disponível em: https://doi.org/10.7213/cienciaanimal.v5i2.9720. Acesso em: 29 abr. 2022.

CAMBUIM, J. *et al.* **Dinâmica de espécies arbóreas em um fragmento de Cerrado no Bolsão Sul-Matogrossense**. 1. ed. Curitiba: Editora Appris, 2021.

CAMERO, A.; FRANCO, M. Improving rumen fermentation and milk production with legume-tree fodder in the tropics. **Agroforestry Systems**, [*s. l.*], v. 51, n. 2, p. 157–166, 2001. Disponível em: https://doi.org/10.1023/A:1010607421562. Acesso em: 25 abr. 2022.

CAMPOS, J. C. C.; LEITE, H. G. **Mensura florestal**: perguntas e respostas. Viçosa: Universidade Federal de Viçosa, 2006.

CANUTO, D. S. de O. Sementes de baru (Dipteryx alata Vog.). **Revista Conexão Eletrônica**, Três Lagoas, v. 12, p. 284-295, 2015.

CARVALHO, M. M. **Arborizacao de pastagens cultivadas.Documentos, 64**. Juiz de Fora: [*s. n.*], 1998. Disponível em: https://www.infoteca.cnptia.embrapa.br/infoteca/handle/doc/593408. Acesso em: 23 abr. 2022.

CARVALHO, M. M. *et al.* Estabelecimento de sistemas silvipastoris: ênfase em áreas montanhosas e solos de baixa fertilidade. **Circular Técnica**, Juiz de Fora, 68, p. 1-12 dez. 2002. Disponível em: https://www.infoteca.cnptia.embrapa.br/infoteca/handle/doc/595695. Acesso em: 21 abr. 2022.

CARVALHO, M. M. O papel das árvores em sistemas de produção de animal a pasto. **O produtor de leite**, Rio de Janeiro, v. 24, n. 147, p. 56-59, 1994.

CAVA, M. G. B. *et al.* Abandoned pastures cannot spontaneously recover the attributes of old-growth savannas. **J Appl Ecol**, [*s. l.*], v. 55, p. 1164-1172, 2018. Disponível em: https://doi.org/10.1111/1365-2664.13046. Acesso em: 26 mar. 2022.

CRONQUIST, A. **An Integrated System of Classification of Flowering Plants**. [*S. l.*]: Columbia University Press, 1981. *E-book*.

DANIEL, O.; COUTO, L.; VITORINO, A. C. T. Sistemas agroflorestais como alternativas sustentáveis à recuperação de pastagens degradadas. *In*: SIMPÓSIO – SUSTENTABILIDADE DA PECUÁRIA DE LEITE NO BRASIL, 1, 1999, Goiânia. **Anais** [...]. Juiz de Fora: EMBRAPA-CNPGL, 1999. p.151-170. Disponível em: https://www.researchgate.net/publication/236353279_Sistemas_agroflorestais_como_alternativas_sustentaveis_a_recuperacao_de_pastagens_degradadas_Agroforestry_systems_as_sustainable_alternatives_to_degraded_pastures_reclamation. Acesso em: 18 abr. 2022.

DE ANDRADE, C. M. S.; VALENTIM, J. F.; CARNEIRO, J. D. C. Árvores de baginha (Stryphnodendron guianense (Aubl.) Benth.) em ecossistemas de pastagens cultivadas na Amazônia Ocidental. **Revista Brasileira de Zootecnia**, [*s. l.*], v. 31, n. 2, p. 574-582, 2002. Disponível em: https://doi.org/10.1590/s1516-35982002000300006. Acesso em: 15 abr. 2011.

DEVENDRA, C. Nutritional potential of fodder trees and shrubs as protein sources in ruminant nutrition. *In*: SPEEDY, A.; PUGLIESE, P. L. (org.). **Legume trees and other fodder trees as protein sources for livestock**. Kuala Lumpur: FAO Rome, 1992. p. 95-113.

DIAS-FILHO, M. B. **Degradação de pastagens**: processos, causas e estratégias de recuperação. Belém: Embrapa Amazônia Oriental, 2007. *E-book*.

DIAS, M. *et al.* **O eucalipto em sistemas de integração lavoura-pecuária-floresta (ILPF) na Mata Atlântica.** [*s. l.*], 2021. Disponível em: https://ainfo.cnptia.embrapa.br/digital/bitstream/item/223961/1/EmbrapaFlorestas-2021-LV-EucaliptoEmbrapa-cap32.pdf. Acesso em: 18 maio 2023.

DRUMOND, M. A. *et al.* Sistema de integração lavoura-pecuária-floresta (ILPF) como alternativa para diversificação de renda no Semiárido brasileiro. [*s. l.*], 2021. Disponível em: https://www.alice.cnptia.embrapa.br/handle/doc/1131712. Acesso em: 18 maio 2023.

DURIGAN, G. *et al.* **Sementes e mudas de árvores tropicais**. 2. ed. São Paulo: Páginas & Letras Editora Gráfica, 2002.

FASIABEN, M. do C. R. *et al.* Impacto econômico da reserva legal sobre diferentes tipos de unidades de produção agropecuária. **Revista de Economia e Sociologia Rural**, [*s. l.*], v. 49, n. 4, p. 1051-1096, 2011. Disponível em: https://doi.org/10.1590/S0103-20032011000400010. Acesso em: 5 jan. 2012.

FELICIANO, A. L. P. **Estudo da germinação de sementes e desenvolvimento de muda, acompanhada de descrições morfológicas, de dez espécies arbóreas ocorrentes no semi-árido nordestino**. 114 f. 1989. Dissertação (Mestrado) – Universidade Federal de Viçosa, Viçosa, 1989.

FIRE RETARDANT PLANTS. **Zanthorrea Nursery**. [*S. l.: s. n.*], 2004. Disponível em: http://www.zanthorrea.com. Acesso em: 12 set. 2011.

FONSECA, A. J. **Variação genética em populações naturais de aroeira (Myracrodruon urundeuva Fr All.) Anacardiaceae em sistema agroflorestal**. 65 f. 2000. Dissertação (Mestrado em Sistemas de Produção Ilha Solteira) – Universidade Estadual Paulista, Ilha Solteira, 2000.

FOOD AGRICULTURAL ORGANIZATTION – FAO. Databook on endangered tree and shrub species and provenances. **FAO Forestry Paper**, [*s. l.*], v. 77, 1986. Disponível em: www.fao.org/docrep/016/ap459e/ap459e00.pdf. Acesso em: 18 abr. 2022.

FRANCO, A. A.; RESENDE, A. S. de; CAMPELLO, E. F. C. Importância das Leguminosas Arbóreas na Recuperação de Áreas Degradadas e na Sustentabilidade de Sistemas Agroflorestais. *In*: SEMINÁRIO "SISTEMAS AGROFLORESTAIS E DESENVOLVIMENTO SUSTENTÁVEL", Campo Grande, n. 21, p. 1-24, 2003. Disponível em: http://saf.cnpgc.embrapa.br/publicacoes/15.pdf. Acesso em: 23 abr. 2022.

FRANKE, I. L.; FURTADO, S. C. Sistemas Silvipastoris: Fundamentos e Aplicabilidade. **Embrapa Acre**, [*s. l.*], v. Documentos, n. 0104-9046, p. 51, 2001. Disponível em: http://www.cpafac.embrapa.br. Acesso em: 18 abr. 2022.

FREITAS, M. L. M. **Variação genética em progênies de aroeira (Myracrodruon urundeuva Fr. All.) Anacardeaceae em diferentes sistemas de plantio**. 95 f. 1999. Dissertação (Mestrado em Agronomia Ilha Solteira) – Universidade Estadual Paulista, Ilha Solteira, 1999.

GARCIA, R.; COUTO, L. Silvopastoral systems: emergent technology of sustainability. *In*: **International symposium on animal production under grazing**. Viçosa: [*s. n.*], 1997. p. 281-302.

GARCIA, R. *et al*. Sistemas Silvipastoris na região Sudeste: A Experiência da CMM. **Seminário de Sistemas Agroflorestais e Desenvolvimento Sustentável:** Opção de sustentabilidade para áreas tropicais e subtropicais. Campo Grande: Embrapa, 2003. p. 173-187. Disponível em: https://www.

researchgate.net/profile/Laercio-Couto/publication/267547094_Sistemas_Silvipastoris_na_Regiao_Sudeste_A_Experiencia_da_CMM/links/546cb2340cf24b753c6290cd/Sistemas-Silvipastoris-na-Regiao-Sudeste-A-Experiencia-da-CMM.pdf. Acesso em: 23 abr. 2022.

GUERRA, C. R. S. B. **Conservação genética ex situ de populações naturais de Myracrodruon urundeuva fr. all. em sistema silvipastoril**. 108 f. 2008. Tese (Doutorado em Agronomia) – Universidade Estadual Paulista, Ilha Solteira, 2008.

GYENGE, J. E. *et al.* Silvopastoral systems in Northwestern Patagonia II: Water balance and water potential in a stand of Pinus ponderosa and native grassland. **Agroforestry Systems**, [*s. l.*], v. 55, n. 1, p. 47-55, 2002. Disponível em: https://doi.org/10.1023/A:1020238330817. Acesso em: 21 set. 2011.

HAYAWARD, M. D.; HAMILTON, N. R. S. Genetic diversity – population structure and conservation. *In*: CALLOW, J. A.; FORD-LLOYD, B. V.; NEWBURY, H. J. (org.). **Biotechnology in Agriculture Series**. [*S. l.*]: Cab internacional, 1997. p. 49-76.

HERNANDEZ, F. B. T.; LEMOS FILHO, M. A. F.; BUZETTI, S. **Software HIDRISA e o balanço hídrico de Ilha SolteiraSérie irrigação**. Ilha Solteira: [*s. n.*], 1995.

HIGA, A. R. *et al.* Escolha de espécies/clones para plantações florestais com finalidades econômicas no Bioma Cerrado. *In*: SILVA, L. D. *et al.* (org.). **Sistema de informações para planejamento florestal no cerrado brasileiro**. v. 2. Piracicaba: Universidade de São Paulo/Escola Superior de Agricultura "Luiz de Queiroz", 2021. p. 7-11. Disponível em: https://doi.org/10.11606/9786587391076. Acesso em: 15 abr. 2022.

HOLGUIN, V.; IBRAHIM, M. **Bancos Forrajes Proyectos Enfoques Silvopastoriles integrados para el Manejo de Ecosistemas**. Costa Rica, p. 26, 2004.

HUSCH, B.; BEERS, T. W.; JOHN A. KERSHAW, J. **Forest Mensuration**. 4. ed. New Jersey: John Wiley & Sons, 2002.

IBRAHIM, M. *et al.* Multi-Strata Silvipastoral Systems for Increasing Productivity and Conservation of Natural Resources in Central America. *In*: INTERNATIONAL GRASSLAND CONGRESS, 2021. **Proceedings** [...]. Disponível em: https://uknowledge.uky.edu/igc/19/18/1. Acesso em: 18 abr. 2022.

KAGEYAMA, P. Y.; GANDARA, F. B. Dinâmica de populações de espécies arbóreas: implicações para o manejo e a conservação. *In*: SIMPÓSIO DE ECOSSISTEMAS DA COSTA BRASILEIRA. Serra Negra: ACIESP, 1993. p. 1-9.

KAGEYAMA, P. Y.; BIELLA, L. C.; PALERMO JR, A. Plantações mistas com espécies nativas com fins de proteção a reservatórios. *In*: CONGRESSO FLORESTAL BRASILEIRO, 1990, São Paulo. São Paulo: Sociedade Brasileira de Engenheiros Florestais, 1990. p. 109-118.

KAGEYAMA, P. Y.; GANDARA, F. B.; VENCOVSKY, R. Conservação in situ de espécies arbóreas tropicais. *In*: NASS, L. L. *et al.* (org.). **Recursos genéticos e melhoramento - plantas**. Rondonópolis: Fundação MT, 2001. p. 149-158. Disponível em: http://bdpi.usp.br/single.php?_id=001188733. Acesso em: 8 jan. 2019.

LIN, C. H. *et al.* Nutritive quality and morphological development under partial shade of some forage species with agroforestry potential. **Agroforestry Systems**, [*s. l.*], v. 53, n. 3, p. 269-281, 2001. Disponível em: https://doi.org/10.1023/A:1013323409839. Acesso em: 17 abr. 2011.

LLEIRAS, E. Conservação de recursos genéticos florestais. *In*: CONGRESSO NACIONAL SOBRE ESSÊNCIAS NATIVAS, 1992, São Paulo. São Paulo: Secretaria do Meio Ambiente/Instituto Florestal, 1992. p. 1179-1184.

LORENZI, H. **Árvores Brasileiras Vol. 1**: manual de identificação e cultivo de plantas arbóreas nativas do Brasil. Nova Odessa: Instituto Plantarum, 2009.

LOVELESS, M. D.; HAMRICK, J. L. Ecological Determinants of Genetic Structure in Plant Populations. **Ann Rev. Ecol. Syst.**, [*s. l.*], v. 15,

p. 65-95, 1984. Disponível em: https://doi.org/10.1146/ANNUREV. ES.15.110184.000433. Acesso em: 20 abr. 2022.

MACEDO, R. L. G.; VALE, A. B.; VENTURIN, N. **Eucalipto em sistemas agroflorestais**. Lavras: Editora da UFLA, 2010.

MARQUES, L. C. T. **Comportamento inicial de paricá, tatajuba e eucalipto, em plantio consorciado com milho e capim-marandu, em Paragominas, Pará.** 92 f. 1990. Tese (Magister Scientiae) – Universidade Federal de Viçosa, Viçosa, 1990.

MATOS, F. J. A. Farmácias vivas : sistema de utilizaçao de plantas medicinais projetado para pequenas comunidades. *In*: LORENZI, H.; MATOS, F. J. A. (org.). **Plantas medicinais do Brasil**: nativas e exóticas. Nova Odessa: Instituto Plantarum, 2002. p. 267.

MEDEIROS, A. C. S. **Comportamento fisiológico, conservaçã de germoplasma a longo prazo e previsão de longevidade de sementes de aroeira (Astronium urundeuva (Fr. All.) Engl.).** 127 f. 1996 - Universidade Estadual Paulista, São Paulo, 1996.

MEDRADO, M. J. S. **Sistemas agroflorestais**: aspectos básicos e indicações. Colombo: Embrapa Florestas, 2000.

MELOTTO, A. *et al.* Sobrevivência e crescimento inicial em campo de espécies florestais nativas do Brasil Central indicadas para sistemas silvipastoris. **Revista Árvore**, [*s. l.*], v. 33, n. 3, p. 425-432, 2009. Disponível em: https://doi.org/10.1590/S0100-67622009000300004. Acesso em: 27 jun. 2011.

MONTOYA, L. J.; BAGGIO, A. J. Estudio Económico da Introdução de Mudas Altas para Sombreamentode Pastagens. *In*: ENCONTRO BRASILEIRO DE ECONOMIA E PLANEJAMENTO FLORESTAL. Curitiba: [*s. n.*], 1992. p. 171. Disponível em: https://scholar.google.com.br/scholar?hl=p-t-BR&as_sdt=0%2C5&q=Montoya+e+Baggio+%281992%29&btnG=. Acesso em: 23 abr. 2022.

MONTOYA, L. J.; MEDRADO, M. J. S.; MASCHIO, L. M. A. Aspectos de arborização de pastagens e viabilidade técnica-econômica da alternativa silvipastoril. *In*: SEMINÁRIO SOBRE SISTEMAS AGROFLORESTAIS NA REGIÃO SUL DO BRASIL, 1994, Colombo. Colombo: Embrapa Florestas, 1994. p. 157-172.

MONTOYA VILCAHUAMAN, L. J.; BAGGIO, A. J. **Guia prático sobre arborização de pastagens.** Colombo: Embrapa Florestas, 2000.

MORAES, M. L. T. de. **Variabilidade genética por isoenzimas e caracteres quantitativos em duas populações naturais de aroeira Myracrodruon urundeuva F. F. & M. F. Allemão – Anacardiaceae (Syn: Astronium urundeuva (Fr. Allemão) Engler).** 139 f. 1992. Tese (Doutorado em Agronomia) – Universidade de São Paulo, Piracicaba, 1992. Disponível em: https://doi.org/10.11606/T.11.2020.tde-20200111-135731. Acesso em: 27 abr. 2020.

MORAES, M. L. T. de; MORI, E. S.; RODRIQUES, C. J. Delineamento de pomar multiespécies. *In*: HIGA, A. R.; SILVA, L. D. (org.). **Pomar de sementes de espécies florestais nativas.** Curitiba: FUPEF, 2006. p. 183-202.

MORS, W. B.; RIZZINI, C. T.; PEREIRA, N. A. Medicinal plants of Brazil. *In*: LORENZI, H.; MATOS, F. J. A. (org.). **Plantas medicinais do Brasil**: nativas e exóticas. Nova Odessa: Instituto Plantarum, 2002. p. 512.

NASS, L. L. *et al.* **Recursos genéticos e melhoramento – plantas.** Rondonópolis: Fundação MT, 2001.

NEVES, E M; SARTORELLI, S. R. P.; SHIROTA, R. Custo de produção de borracha natural em seringueiras cultivadas. **FEALQ, Piracicaba, São Paulo, Brasil**, [*s. l.*], 1983.

NEVES, E. M; SARTORELLI, S. R. P.; SHIROTA, R. Custo de produção de laranja no Estado de São Paulo. **FEALQ, Piracicaba, São Paulo, Brasil**, [*s. l.*], 1988.

NOGUEIRA, J. C. B. Conservação genética de essências nativas através de ensaios de progênie/ procedência. **Silvicultura**, São Paulo, v. 8, n. 28, 1983.

NOGUEIRA, J. C. B. **Reflorestamento heterogêneo com essências indígenas.** São Paulo: Instituto Florestal, 1977. (Instituto Florestal. Boletim Técnico, 24). *E-book.*

NOGUEIRA, J. C. B. **Reflorestamento misto com essências nativas**: a mata ciliar. São Paulo: Instituto Florestal, 2010. p. 147. Disponível em: https://www.infraestruturameioambiente.sp.gov.br/institutoflorestal/2010/01/reflorestamento-misto-com-essencias-nativas-a-mata-ciliar/. Acesso em: 18 maio 2023.

OLIVEIRA, R. K. de *et al.* Considerações genéticas sobre restauração de paisagens florestais no Bioma Cerrado. *In*: SILVA, L. D.; RIOYEI, A.; VICTORIA, D. de C. (org.). **Sistema de informações para planejamento florestal no cerrado brasileiro.** v.1. Piracicaba: Universidade de São Paulo. Escola Superior de Agricultura "Luiz de Queiroz", 2019. p. 19-23. Disponível em: https://doi.org/10.11606/9788586481703. Acesso em: 21 abr. 2022. .

OLIVEIRA, E. B. de; PINTO JUNIOR, J. E. **O eucalipto e a Embrapa**: quatro décadas de pesquisa e desenvolvimento. [*s. l.*], 2021. Disponível em: https://doi.org/10.3/JQUERY-UI.JS. Acesso em: 18 maio 2023.

PORFIRIO-DA-SILVA, V. *et al.* **Arborização de pastagens com espécies florestais madeireiras**: Implantação e manejo. [*S. l.: s. n.*], 2009. Disponível em: http://www.cnpf.embrapa.br. Acesso em: 19 maio 2023.

PORFIRIO-DA-SILVA, V. *et al.* Sombras e ventos em sistema silvipastoril no Noroeste do Estado do Paraná. *In*: CONGRESSO BRASILEIRO EM SISTEMAS AGROFLORESTAIS, 1998, Belém. Belém: Embrapa, 1998. p. 215-218.

PORFÍRIO-DA-SILVA, V. Sistema silvipastoril (Grevilea+ pastagem): uma proposição para o aumento da produção no arenito Caiuá. *In*: CONGRESSO BRASILEIRO SOBRE SISTEMAS AGROFLORESTAIS, 1994, Colombo. Colombo: Embrapa Florestas, 1994. p. 291-297.

PORFÍRIO-DA-SILVA, V. Sistemas silvipastoris em Mato Grosso do Sul – para que adotá-los? *In*: SEMINÁRIO SISTEMAS AGROFLORESTAIS E DESENVOLVIMENTO SUSTENTÁVEL, 2003, Campo Grande. Campo Grande: Embrapa, 2003.

PORFÍRIO DA SILVA, V. Arborização de pastagens como prática de manejo ambiental e estratégia para o desenvolvimento sustentável no Paraná. *In*:

CARVALHO, M. M.; ALVIM, M. J.; CARNEIRO, J. C. (org.). **Sistemas agroflorestais pecuários**: opções de sustentabilidade para áreas tropicais e subtropicais. Juiz de Fora: Embrapa Gado de Leite, 2001. p. 235-255.

POTT, A.; POTT, V. J. **Plantas do Pantanal**. Corumbá: Embrapa, 1997.

POTT, A.; POTT, V. J. Plantas nativas potenciais para Sistemas Agroflorestais em Mato Grosso do Sul. **Agroforestry Systems**, Campo Grande, n. 67, p. 1-9, 2003. Disponível em: https://www.researchgate.net/profile/Arnildo-Pott/publication/265268121_Plantas_Nativas_Potenciais_para_Sistemas_Agroflorestais_em_Mato_Grosso_do_Sul/links/54a142910c-f267bdb902000c/Plantas-Nativas-Potenciais-para-Sistemas-Agroflorestais-em-Mato-Grosso-do-. Acesso em: 20 abr. 2022.

PRIMACK, R. B.; RODRIGUES, E. **Biologia da conservação**. Londrina: E. Rodrigues, 2001.

RAMOS, E. N. Plano Setorial de Mitigação e de Adaptação às Mudanças Climáticas para a Consolidação de uma Economia de Baixa Emissão de Carbono na Agricultura - Plano ABC. *In*: SILVA, L. D.; RIOYEI, A.; VICTORIA, D. de C. (org.). **Sistema de informações para planejamento florestal no cerrado brasileiro.** v. 1. Piracicaba: Universidade de São Paulo. Escola Superior de Agricultura "Luiz de Queiroz", 2019. p. 7-18. Disponível em: https://doi.org/10.11606/9788586481703. Acesso em: 7 abr. 2022.

RESENDE, M. D. V. de. **Software SELEGEN-REML/BLUP**: sistema estatístico e seleção genética computadorizada via modelos lineares mistos. Colombo: Embrapa Florestas, 2007.

RIBEIRO, J. H. Aroeira: durável além de uma vida. **Globo Rural**, Rio de Janeiro, n. 5, p. 85-90, 1989.

RIZZINI, C. T. **Árvores e madeiras úteis do Brasil**: manual de dendrologia brasileira. São Paulo: Edusp, 1971.

ROBERTO SCOLFORO, J. *et al.* Trajetórias de crescimento de espécies na floresta estacional decidual. *In*: MELLO, J. M.; SCOLFORO, J. R.; CARVALHO, L. M. T. (org.). **Inventário Florestal de Minas Gerais**: Floresta Estacional Decidual – Florística, Estrutura, Similaridade, Distribuição

Diamétrica e de Altura, Volumetria, Tendências de Crescimento e Manejo Florestal. Florestal. Lavras: Editora UFLA, 2008. p. 213–224. *E-book*.

SALAM, M. A.; NOGUCHI, T.; KOIKE, M. Understanding why farmers plant trees in the homestead agroforestry in Bangladesh. **Agroforestry Systems**, [*s. l.*], v. 50, n. 1, p. 77-93, 2000. Disponível em: https://doi.org/10.1023/A:1006403101782. Acesso em: 15 dez. 2010.

SALLIS, E. S. V.; RAFFI, M. B.; RIET-CORREA, F. Experimental poisoning in sheep with frozen or dried Ramaria flavo-brunnescens. **Pesquisa Veterinária Brasileira**, [*s. l.*], v. 24, n. 2, p. 107-110, 2004. Disponível em: https://doi.org/10.1590/s0100-736x2004000200010. Acesso em: 23 abr. 2022.

SANTIN, D. A. **Revisão taxonômica do gênero Astronium jacq. e reavaliação do gênero Myracrodruon Fr. Allem. (Anacardeaceae)**. 178 f. 1989. Dissertação (Mestrado em Biologia) – Universidade Estadual de Campinas, Campinas, 1989.

SANTIN, D. A.; LEITÃO FILHO, H. F. Restabelecimento e revisão taxonômica do gênero Myracrodruon Freire Alemão (Anacardiaceae). **Revista Brasileira de Botânica**, [*s. l.*], v. 14, p. 133-145, 1991.

SANTOS, H. G. *et al.* **Sistema Brasileiro de Classificação de Solos**. 5. ed. Brasília: Embrapa, 2018.

SARTOR, L. R. *et al.* Resistência mecânica do solo à penetração em sistema silvipastoril após onze anos de implantação. **Ciência Florestal**, [*s. l.*], v. 30, n. 1, p. 231-241, 2020. Disponível em: https://doi.org/10.5902/1980509831205. Acesso em: 15 fev. 2023.

SAUL, F. A. C. *et al.* Variação genética para caracteres de crescimento em progênies de Myracrodruon Urundeuva FR. ALL. em Selvíria, Brasil. *In*: FELSEMBURGH, C. A. **Empreendedorismo e Inovação na Engenharia Florestal 2**. [*S. l.*]: Atena Editora, 2020. p. 71-78. Disponível em: https://doi.org/10.22533/at.ed.8032005068. Acesso em: 10 maio 2022.

SCHAITZA, E.; HOEFLICH, V. A.; RIET-RODIGHERI, R. **A utilização de serrarias portáteis em florestas de pinus e eucaliptos em pequenas**

propriedades rurais: a experiência da Embrapa/Cotrel – Portal Embrapa: Circular Técnica. Colombo: [*s. n.*], 2000. Disponível em: https://www.embrapa.br/busca-de-publicacoes/-/publicacao/290725/a-utilizacao--de-serrarias-portateis-em-florestas-de-pinus-e-eucaliptos-em-peque-nas-propriedades-rurais-a-experiencia-da-embrapacotrel. Acesso em: 20 abr. 2022.

SEBBENN, A. M. *et al.* Interação genótipo x ambiente na conservação ex situ de Peltophorum dubium, em duas regiões do estado de São Paulo. **Revista do Instituto Florestal**, São Paulo, v. 11, n. 1, p. 75-89, 2009.

SHARROW, S. H. **Silvopasture Design with Animal in Mind.** [*S. l.*], 1998. Disponível em: https://www.aftaweb.org/latest-newsletter/tem-porate-agroforester/71-1998-vol-6/july-no-3/29-silvopasture-design.html. Acesso em: 20 abr. 2022.

SILVA, A. M. *et al.* **Reflorestamento ciliar em diferentes modelos de platio**: margem do reservatório da hidrelétrica de Ilha Solteira. 1. ed. Curitiba: Editora Appris, 2016.

SILVA ANDRIOTTI, J. L. **Fundamentos de Estatística e Geoestatística.** [*S. l.*]: Editora Unisinos, 2013.

SILVA, L. D. *et al.* O clima no Bioma Cerrado. *In*: SILVA, L. D. *et al.* (org.). **Sistema de informações para planejamento florestal no cerrado brasileiro.** v. 2. Piracicaba: Universidade de São Paulo. Escola Superior de Agricultura "Luiz de Queiroz", 2021a. p. 12-28. Disponível em: https://doi.org/10.11606/9786587391076. Acesso em: 4 maio 2022.

SILVA, L. D. *et al.* Plantações com espécies florestais/clones em mono-cultivos e sistema iLPF no bioma Cerrado. *In*: SILVA, L. D. *et al.* (org.). **Sistema de informações para planejamento florestal no cerrado brasileiro**: v.2. Piracicaba: Universidade de São Paulo. Escola Superior de Agricultura "Luiz de Queiroz", 2021b. p. 44-52. Disponível em: https://doi.org/10.11606/9786587391076. Acesso em: 5 abr. 2022.

SILVA, L. D. *et al.* Sistema de Informações para Planejamento Florestal no Cerrado Brasileiro – "SiFlor Cerrado". *In*: SILVA, L. D.; RIOYEI, A.;

VICTORIA, D. de C. (org.). **Sistema de informações para planejamento florestal no cerrado brasileiro.** v. 1. Piracicaba: Universidade de São Paulo. Escola Superior de Agricultura "Luiz de Queiroz", 2019. p. 42–199. Disponível em: https://doi.org/10.11606/9788586481703. Acesso em: 27 maio 2022.

SIQUEIRA, C. M. F.; NOGUEIRA, J. C.; KAGEYAMA, P. Y. Conservação dos recursos genéticos ex situ do cumbaru Dipteryx alata Vog. – Leguminodae. **Revista do Instituto Florestal**, Serra Negra, v. 5, n. 2, p. 231-243, 1993.

SOUSA, M. P.; MATOS, F. J. Constituintes químicos de plantas medicinais brasileiras. *In*: LORENZI, H.; MATOS, F. J. (org.). **Plantas medicinais do Brasil**: nativas e exóticas. Nova Odessa: Instituto Plantarum, 2002. p. 512.

TEKLEHAIMANOT, Z.; JONES, M.; SINCLAIR, F. L. Tree and livestock productivity in relation to tree planting configuration in a silvopastoral system in North Wales, UK. **Agroforestry Systems**, [*s. l.*], v. 56, n. 1, p. 47-55, 2002. Disponível em: https://doi.org/10.1023/A:1021131026092. Acesso em: 20 abr. 2022.

TONINI, H. *et al.* **O eucalipto em sistemas de integração lavoura--pecuária-floresta (ILPF) no Bioma Pampa.** [*s. l.*], 2021. Disponível em: https://ainfo.cnptia.embrapa.br/digital/bitstream/item/223931/1/EmbrapaFlorestas-2021-LV-EucaliptoEmbrapa-cap33.pdf. Acesso em: 18 maio 2023.

VALLE, C. B. do. Brachiaria e/ou Urochloa: dando nomes às plantas. **Jornal Dia de Campo**, 9 ago. 2010. Disponível em: http://www.diadecampo.com.br/zpublisher/materias/Materia.asp?id=22378&secao=Agrotemas. Acesso em: 25 abr. 2022.

VALOIS, A. C.; NASS, L. L.; GOES, M. Conservação ex situ de recursos genéticos vegetais. *In*: NASS, L. L. *et al.* (org.). **Recursos genéticos e melhoramento de Plantas**. Brasília: Embrapa, 2001. p. 123-147.

WILKINSON, K. M.; ELEVITCH, C. R. Multipurpose windbreaks: design and species for Pacific Islands. **Agroforestry guides for Pacific Islands**, [*s. l.*], v. 8, 2000.

WILLIS, J. C. **A dictionary of the flowering plants and ferns, by J. C. Willis.** Cambridge: The University Press, 2011. Disponível em: https://doi.org/10.5962/bhl.title.1428. Acesso em: 18 abr. 2022.

YOUNG, A. G.; BOYLE, T. J. Forest fragmentation. *In*: YOUNG, A.; BOSHIER, D.; BOYLE, T. **Forest Conservation Genetics**: Principles and Practice. Wallingford: CABI, 2000. p. 123-134. Disponível em: https://doi.org/10.1079/9780851995045.0123. Acesso em: 8 jan. 2019.

ZÉ FORTUNA; PITANGUEIRA. **Esteio de Aroeira**. [*S. l.*]: Sertanejo/Chantecler, 1976.